O ESSENCIAL DE MARX

Dados Internacionais de Catalogação na Publicação (CIP)
(Câmara Brasileira do Livro, SP, Brasil)

Marx, Karl, 1818-1883
   O essencial de Marx / Karl Marx ; edição de Otto Rühle ; prefácio de Leon Trotsky ; tradução de Lukas Gabriel Grzybowski. – Petrópolis, RJ : Vozes, 2022.

   Título original: Das Kapital
   ISBN 978-65-5713-489-4

   1. Capital (Economia) 2. Economia I. Rühle, Otto. II. Trotsky, Leon. III. Título.

21-87599   CDD-335.412

Índices para catálogo sistemático:
   1. Capital : Conceitos marxistas   335.412
   2. Marxismo : Conceitos econômicos   335.412

Cibele Maria Dias – Bibliotecária – CRB-8/9427

KARL MARX
EDITADO POR OTTO RÜHLE

O ESSENCIAL DE MARX

Prefácio de Leon Trotsky

Tradução de Lukas Gabriel Grzybowski

EDITORA VOZES

Petrópolis

Esta coletânea de textos de Karl Marx, organizada por Otto Rühle e prefaciada por Leon Trotsky, se baseou na edição: *Das Kapital – Kritik der politischen Ökonomie* (Offenbach/M.: Bollwerk, 1949).

© desta tradução:
2022, Editora Vozes Ltda.
Rua Frei Luís, 100
25689-900 Petrópolis, RJ
www.vozes.com.br
Brasil

Todos os direitos reservados. Nenhuma parte desta obra poderá ser reproduzida ou transmitida por qualquer forma e/ou quaisquer meios (eletrônico ou mecânico, incluindo fotocópia e gravação) ou arquivada em qualquer sistema ou banco de dados sem permissão escrita da editora.

CONSELHO EDITORIAL

Diretor	**Conselheiros**
Gilberto Gonçalves Garcia	Francisco Morás
	Ludovico Garmus
Editores	Teobaldo Heidemann
Aline dos Santos Carneiro	Volney J. Berkenbrock
Edrian Josué Pasini	
Marilac Loraine Oleniki	**Secretário executivo**
Welder Lancieri Marchini	Leonardo A.R.T. dos Santos

Editoração: Elaine Mayworm
Diagramação: Raquel Nascimento
Revisão gráfica: Lorena Delduca Herédias
Capa: Renan Rivero
Ilustração de capa: Alexandre Maranhão

ISBN 978-65-5713-489-4

Este livro foi composto e impresso pela Editora Vozes Ltda.

Sumário

Prefácio de Leon Trotsky – O marxismo em nosso tempo, 11

O que o leitor encontrará nesta obra, 11

O método de Marx, 14

Marxismo e ciência oficial, 17

A lei do valor, 18

Desigualdade e exploração, 21

A competição e o monopólio, 22

A concentração do capital e o crescimento das contradições de classe, 24

Os ensinamentos de Marx estão obsoletos?, 29

A teoria do empobrecimento, 30

O exército industrial de reserva e a nova subclasse dos desempregados, 33

O declínio das classes médias, 35

A crise industrial, 39

A teoria do colapso, 41

A decadência do capitalismo, 42

Fascismo e o *New Deal*, 44

Anomalia ou norma?, 46

Charlatanismo jurídico, 49

De volta ao passado, 50

Os eruditos e o marxismo, 52

As possibilidades da produção e a propriedade privada, 53

A inevitabilidade do socialismo, 55

A inevitabilidade da revolução socialista, 58

O marxismo nos Estados Unidos, 59

O reflexo ideal do capitalismo, 63

Metrópoles e colônias, 66

A economia mundial planificada, 70

I – Bens e dinheiro, 75

  1 Os bens, 75

    a) Valor de uso e valor de troca, 75

    b) O caráter dual da obra representada na mercadoria, 80

    c) A forma do valor ou o valor de troca, 84

    d) O caráter fetichista dos bens e seu segredo, 93

  2 O processo de troca, 98

  3 O dinheiro ou a circulação de mercadorias, 103

    a) A medida de valores, 103

    b) Meios de circulação, 109

    c) Dinheiro, 119

II – A transformação de dinheiro em capital, 121

    4 A conversão do dinheiro em capital, 121

       a) A fórmula geral do capital, 121

       b) Compra e venda de mão de obra, 124

III – A produção de mais-valia absoluta, 129

    5 Processo de trabalho e processo de valorização, 129

       a) Processo de trabalho, 129

       b) Processo de valorização, 132

    6 Capital constante e capital variável, 137

    7 A taxa de mais-valia, 140

       a) O nível de exploração do trabalhador, 140

       b) Representação do valor do produto em partes proporcionais do produto, 143

    8 A jornada de trabalho, 145

       a) Os limites da jornada de trabalho, 145

       b) A ganância por mais-trabalho, 149

       c) A luta pela jornada normal de trabalho, 151

    9 Taxa e quantidade de mais-valia, 158

IV – A produção de mais-valia relativa, 163

    10 Conceito de mais-valia relativa, 163

    11 Cooperação, 165

    12 Divisão do trabalho e manufatura, 173

       a) A dupla origem da manufatura, 173

       b) O trabalhador parcial e sua ferramenta, 176

       c) As duas formas fundamentais da manufatura, 178

       d) O caráter capitalista da manufatura, 183

13 Maquinário e indústria moderna, 186

a) Desenvolvimento do maquinário, 186

b) Transferência de valor da máquina para o produto, 192

c) Efeitos da operação da máquina no trabalhador, 193

Trabalho feminino e trabalho infantil, 193

Extensão da jornada de trabalho, 196

Intensificação do trabalho, 200

A fábrica, 203

d) A luta entre o trabalhador e a máquina, 205

e) Repulsão e atração de trabalhadores pela operação da máquina, 207

f) Revolucionamento do artesanato e do trabalho doméstico por meio da indústria moderna, 211

g) A legislação fabril, 213

h) A indústria moderna e a economia agrária, 215

V – A produção de mais-valia absoluta e mais-valia relativa, 218

14 Mais-valia absoluta e mais-valia relativa, 218

15 Variação na dimensão do preço da força de trabalho e da mais-valia, 221

16 Diferentes fórmulas para a taxa de mais-valia, 222

VI – Os salários, 226

17 Transformação de valor, ou melhor, de preço da força de trabalho em salários, 226

18 O salário por tempo, 228

19 O salário por peça, 231

20 Disparidade nacional dos salários, 234

VII – O processo de acumulação de capital, 235

21 Reprodução simples, 236

22 Transformação da mais-valia em capital, 242

a) Processo de produção capitalista em escala ampliada, 242

b) Divisão da mais-valia em capital e receita, 244

c) Circunstâncias que determinam a extensão da acumulação, 246

23 A lei geral da acumulação capitalista, 249

a) Demanda crescente por força de trabalho com acumulação enquanto a composição do capital permanece a mesma, 249

b) Diminuição relativa da parte variável do capital paralelamente à acumulação e à concentração que a acompanha, 252

c) Produção progressiva de uma superpopulação relativa ou exército industrial de reserva, 257

d) Várias formas de existência de superpopulação relativa e a lei geral de acumulação capitalista, 262

24 A chamada acumulação primitiva, 265

a) O segredo da acumulação primitiva, 265

b) Expropriação da terra e da propriedade rural da população rural, 270

c) Legislação de sangue contra os expropriados. Lei para a compressão de salários, 273

d) A gênese dos arrendatários capitalistas. Impacto retroativo da revolução agrícola na indústria, 276

e) A gênese do capitalista industrial, 279

f) Tendência histórica da acumulação capitalista, 286

Prefácio de Leon Trotsky
O marxismo em nosso tempo

O que o leitor encontrará nesta obra

Este livro apresenta de maneira compacta os elementos fundamentais dos ensinos econômicos marxistas nas palavras do próprio Marx. Afinal, até o momento ninguém foi capaz de expor a teoria do valor do trabalho de maneira mais adequada do que o próprio Marx. A abreviação do primeiro volume de *O capital* – o fundamento de todo o sistema econômico marxista – foi realizada pelo Sr. Otto Rühle com grande esmero e com profunda consciência de sua tarefa. Os primeiros elementos a serem eliminados eram os exemplos e ilustrações obsoletas; em seguida as citações de escritos, os quais são hoje de interesse puramente histórico; polêmicas com escritores hoje esquecidos; e, finalmente, os inúmeros documentos – atos do Parlamento, relatórios de inspetores de fábricas, entre outros de natureza similar –, os quais, qualquer que seja a sua importância para a compreensão de uma determinada época, não têm espaço em uma exposição concisa que persegue objetivos teóricos, em vez de históricos. Ao mesmo tempo, o Sr. Rühle fez todo o possível para preservar a continuidade no desenvolvimento da análise científica, assim como da unidade expositiva. Deduções lógicas e transições dialéticas do pensamento não foram violadas em nenhum momento, conforme acreditamos. Evidentemente, esse extrato deve ser lido cuidadosamente e com a devida atenção. A fim de auxiliar o leitor, o Sr. Otto Rühle forneceu subtítulos sucintos ao texto.

Algumas das argumentações de Marx, especialmente no primeiro capítulo, o capítulo mais difícil, podem parecer ao leitor não iniciado bastante discursivas, confusas ou "metafísicas". Na verdade, essa impressão surge em consequência da falta de hábito de se abordarem fenômenos demasiadamente habituais de maneira científica. A mercadoria se tornou uma parte tão onipresente, costumeira e familiar de nossa existência diária que nós, embalados para dormir, nem mesmo tentamos considerar por que os homens renunciam a objetos importantes, necessários para sustentar a vida, em troca de minúsculos discos de ouro ou prata[1] que não têm nenhuma utilidade terrena. A questão não está limitada às mercadorias. Todas as categorias (os conceitos básicos) da economia de mercado parecem ser aceitas sem análise, como evidentes por

---

1. Trotsky se refere aqui às moedas metálicas, o que não é necessariamente óbvio na era dos pagamentos digitais [N.T.].

si mesmas, como se fossem a base natural das relações humanas. No entanto, embora as realidades do processo econômico sejam trabalho humano, as matérias-primas, as ferramentas, as máquinas, a divisão do trabalho, a necessidade de distribuir produtos acabados entre os participantes do processo de trabalho, e assim por diante; tais categorias como "mercadoria", "dinheiro", "salários", "capital", "lucro", "imposto" e semelhantes são apenas representações semimísticas nas cabeças dos homens dos vários aspectos de um processo econômico, o qual eles não entendem e que não está sob seu controle. Para decifrá-los, é indispensável uma análise científica completa.

Nos Estados Unidos, onde uma pessoa que possui um milhão de dólares é referida como alguém que "vale" um milhão, os conceitos de mercado se entrincheiraram mais profundamente do que em qualquer outro lugar. Até recentemente, os americanos davam muito pouca atenção à natureza das relações econômicas. Na terra do sistema econômico mais poderoso, a teoria econômica continuava extremamente estéril. Apenas a profunda crise econômica americana atual confrontou diretamente a opinião pública com os problemas fundamentais da sociedade capitalista. Em qualquer caso, quem não superou o hábito de aceitar acriticamente os resultados ideológicos já prontos do desenvolvimento econômico, quem não raciocinou, nas pegadas de Marx, a natureza essencial da mercadoria como a célula básica do organismo capitalista, provará ser para sempre incapaz de compreender cientificamente as manifestações mais importantes e mais agudas de nossa época.

O método de Marx

Tendo estabelecido a ciência como cognição das recorrências objetivas da natureza, o ser humano tem tentado obstinada e persistentemente excluir-se da ciência, reservando para si privilégios especiais na forma de suposto intercurso com forças supersensoriais (religião), ou com preceitos morais atemporais (idealismo). Marx privou o ser humano desses privilégios odiosos definitivamente e para sempre, considerando-o como um elo natural no processo evolutivo da natureza material; olhando para a sociedade humana como uma organização de produção e distribuição; e considerando o capitalismo como um estágio no desenvolvimento da sociedade humana.

Não era o objetivo de Marx descobrir as "leis eternas" da economia. Ele negou a existência de tais leis. A história do desenvolvimento da sociedade humana é a história da sucessão de vários sistemas de economia, cada um operando de acordo com suas próprias leis. A transição de um sistema para outro sempre foi determinada pelo crescimento das forças produtivas, ou seja, da técnica e da organização do trabalho. Até certo ponto, as mudanças sociais são de caráter quantitativo e não alteram os fundamentos da sociedade, ou seja, as formas predominantes de propriedade. Mas chega-se a um ponto em que as forças produtivas amadurecidas não podem mais se conter nas velhas formas de propriedade; consequentemente, segue-se uma mudança radical na ordem social, acompanhada por choques. A comunidade primitiva foi substituída ou complementada pela escravidão; a escravidão foi sucedida pela servidão com sua superestrutura feudal; o desenvolvimento comercial das cidades trouxe a Europa do século XVI à ordem capitalista, que então passou por diversas etapas. Em *O capital*, Marx não estuda a economia em geral, mas a economia capitalista, que tem suas próprias leis específicas. Só de passagem ele se refere aos outros sistemas econômicos para elucidar as características do capitalismo.

A economia autossuficiente da família camponesa primitiva não precisa de uma "economia política", pois é dominada por um lado pelas forças da natureza e, por outro, pelas forças da tradição. A economia natural independente dos gregos ou romanos, fundada sobre o trabalho escravo, era governada pela vontade do proprietário de escravos, cujo "plano", por sua vez, era diretamente determinado pelas leis da natureza e da rotina. O mesmo pode ser dito sobre a propriedade medieval com seus servos camponeses. Em todos esses casos, as relações econômicas eram claras e transparentes em sua crueza primitiva. Mas o caso da sociedade contemporânea é totalmente diferente. Ele destruiu as velhas conexões independentes e os modos herdados de trabalho. As novas relações econômicas conectaram cidades e vilas, províncias e nações. A divisão do trabalho envolveu o planeta, causando a destruição da tradição e da rotina; laços esses que não se organizaram na forma de um plano definido, mas antes distantes da consciência e da previsão humanas, e de maneira que pareceria sórdida. A interdependência de homens, grupos, classes, nações, que decorre da divisão do trabalho, não é dirigida ou administrada por ninguém. As pessoas trabalham umas para as outras sem se conhecerem mutuamente, sem se indagarem sobre as necessidades umas das outras, na esperança e até mesmo com a certeza de que suas relações se regularão de alguma forma. E em geral elas o fazem, ou melhor, estavam habituadas a fazer.

É absolutamente impossível buscar as causas das recorrências da sociedade capitalista na consciência subjetiva – nas intenções ou planos – de seus membros. As recorrências objetivas do capitalismo foram formuladas antes que a ciência começasse a pensar seriamente sobre elas. Até hoje, a maioria preponderante dos homens nada sabe sobre as leis que regem a economia capitalista. Toda a força do método marxista estava em sua abordagem dos fenômenos econômicos, não do ponto de vista subjetivo de certas pessoas, mas do ponto de vista objetivo da sociedade como um todo, assim como um cientista natural experimental se aproxima de uma colmeia ou de um formigueiro.

Para a ciência econômica, o significado decisivo é o quê e o como as pessoas fazem, e não o que elas próprias pensam sobre suas ações. Na base da sociedade não estão a religião ou a moralidade, mas a natureza e o trabalho. O método de Marx é materialista, porque caminha da existência à consciência, não o contrário. O método marxista é dialético porque considera ambos, a natureza e a sociedade, conforme evoluem, e a própria evolução como a luta constante entre forças conflitantes.

Marxismo e ciência oficial

Marx teve seus predecessores. A economia política clássica – Adam Smith, David Ricardo – atingiu seu pleno desenvolvimento antes que o capitalismo se tornasse velho, antes de começar a temer o amanhã. Marx prestou a ambos os grandes classicistas o tributo perfeito de profunda gratidão. No entanto, o erro básico da economia clássica foi sua visão do capitalismo como a existência normal da humanidade para todos os tempos, em vez de apenas como uma etapa histórica no desenvolvimento da sociedade. Marx começou com uma crítica a essa economia política, expôs seus erros, bem como as contradições do próprio capitalismo, e demonstrou a inevitabilidade de seu colapso. Como Rosa Luxemburgo observou com muita propriedade, os ensinamentos econômicos marxistas são fruto da economia clássica, uma criança cujo nascimento custou a vida à mãe.

A ciência não atinge seu objetivo no estudo hermeticamente fechado do erudito, mas na sociedade de carne e osso. Todos os interesses e paixões que despedaçam a sociedade exercem sua influência no desenvolvimento da ciência – especialmente da economia política, a ciência da riqueza e da pobreza. A luta dos trabalhadores contra os capitalistas obrigou os teóricos da burguesia a dar as costas para uma análise científica do sistema de exploração e a se ocupar com uma descrição simplória dos fatos econômicos, um estudo do passado econômico e, o que é incomensuravelmente pior, uma explícita falsificação das coisas como são, com o propósito de justificar o regime capitalista. A doutrina econômica que hoje é ensinada nas instituições oficiais de ensino e apregoada na imprensa burguesa não carece de importante material factual, mas é totalmente incapaz de abranger o processo econômico como um todo e descobrir suas leis e perspectivas, nem tem qualquer desejo de fazê-lo. A economia política oficial está morta. O conhecimento real da sociedade capitalista pode ser obtido apenas através de *O capital* de Marx.

A lei do valor

Na sociedade contemporânea, o laço fundamental do ser humano é a troca. Qualquer produto do trabalho que entra no processo de troca torna-se uma mercadoria. Marx começou sua investigação com a mercadoria e deduziu dessa célula fundamental da sociedade capitalista as relações sociais que objetivamente se formaram com base na troca, independentemente da vontade do ser humano. Somente seguindo este percurso é possível resolver o enigma fundamental – como, na sociedade capitalista, na qual o ser humano pensa por si mesmo e ninguém pensa por todos, são criadas as proporções relativas dos vários ramos econômicos indispensáveis à vida.

O trabalhador vende sua força de trabalho, o fazendeiro leva sua produção ao mercado, o agente de crédito do banqueiro concede empréstimos, o lojista oferece uma variedade de mercadorias, o industrial constrói uma fábrica, o especulador compra e vende ações e títulos – cada um tendo suas próprias considerações, seu próprio plano privado, sua própria preocupação a respeito de salários ou lucros. No entanto, desse caos de esforços e ações individuais emerge um certo todo econômico, que, na verdade, não é harmonioso, mas contraditório, e ainda assim dá à sociedade a possibilidade não apenas de existir, mas inclusive de se desenvolver. Isso significa que, afinal, o caos não é caos de forma alguma, que de alguma forma ele é regulado automaticamente, se não conscientemente. Compreender o mecanismo pelo qual vários aspectos da economia são trazidos a um estado de relativo equilíbrio é descobrir as leis objetivas do capitalismo.

Claramente, as leis que regem as várias esferas da economia capitalista – salários, preços, terras, aluguel, lucro, juros, crédito, bolsa de valores – são numerosas e complexas. Mas, no cálculo final, todas elas se resumem à única lei que Marx descobriu e explorou até seus limites; isto é, a lei do valor, que é de fato o regulador básico da economia capitalista. A essência dessa lei é simples.

A sociedade tem à sua disposição uma certa reserva de força de trabalho viva. Aplicada sobre a natureza, essa força gera produtos necessários à satisfação das necessidades humanas. Como consequência da divisão do trabalho entre os produtores independentes, os produtos assumem a forma de mercadorias. As mercadorias são trocadas umas pelas outras em uma determinada proporção, primeiro de maneira direta, posteriormente através de um elemento mediador: o ouro ou o dinheiro. A propriedade essencial da mercadoria, aquela propriedade que tem como consequência o fato de constantemente certa relação ser criada entre mercadorias, é o trabalho humano despendido com elas – o trabalho abstrato, o trabalho em geral –, a base e a medida do valor. A divisão do trabalho entre milhões de produtores dispersos não leva à desintegração da sociedade, porque as mercadorias são trocadas de acordo com o tempo de trabalho socialmente necessário despendido com a sua produção. Ao aceitar e rejeitar as mercadorias, o mercado, como arena de troca, decide se estas contêm ou não em si trabalho socialmente necessário. Desse modo, ele determina a quantidade dos variados tipos de mercadorias necessárias disponíveis para a sociedade e, consequentemente, também a distribuição da força de trabalho de acordo com os vários ramos produtivos.

Os processos reais no mercado são incomensuravelmente mais complexos do que nós expusemos aqui em apenas algumas linhas. Assim, oscilando em torno do valor da força de trabalho, os preços flutuam por vezes acima, outras vezes abaixo de seu valor. As causas dessa flutuação são explicadas minuciosamente por Marx no terceiro volume de *O capital*, onde Marx descreve "o processo de produção capitalista considerado como um todo". No entanto, por maiores que sejam as divergências entre os preços, a soma de todos os preços é igual à soma de todos os valores, que foram criados pelo trabalho humano e colocados à disposição no mercado. Mesmo quando se considera o preço monopolístico ou o *"trust"*, os preços não podem romper com essa lei; onde o trabalho não criou nenhum valor novo, nem mesmo Rockefeller pode conseguir coisa alguma.

Desigualdade e exploração

Todavia, se as mercadorias são trocadas umas pelas outras de acordo com a quantidade de trabalho nelas investido, como surge a desigualdade da igualdade? Marx resolveu esse quebra-cabeça expondo a natureza peculiar de uma das mercadorias, que está na base de todas as outras mercadorias: a saber, a força de trabalho. O proprietário dos meios de produção, o capitalista, compra a força de trabalho. Como todas as outras mercadorias, ela é avaliada de acordo com a quantidade de trabalho nela investida, ou seja, a quantidade daqueles meios de subsistência necessários à sobrevivência e à reprodução da força de trabalho. Mas o consumo dessa mercadoria – a força de trabalho – consiste em trabalho, ou seja, a criação de novos valores. A quantidade desses valores é muito maior do que aqueles valores que o próprio trabalhador recebe e que são necessários para seu sustento. O capitalista compra força de trabalho para explorá-la. É essa exploração que é a fonte da desigualdade.

À parte do produto que vai cobrir a própria subsistência do trabalhador, Marx chama de produto necessário; a parte que o trabalhador produz acima disso é a mais-valia[2]. A mais-valia certamente foi produzida pelo escravo, do contrário o proprietário de escravos não teria mantido nenhum escravo. A mais-valia foi gerada pelo servo, ou a servidão não teria utilidade para a nobreza latifundiária. A mais-valia é criada igualmente pelo trabalhador assalariado – mas em uma proporção infinitamente maior –, do contrário o capitalista não teria nenhum interesse em comprar a força de trabalho. A luta de classes nada mais é do que a luta pela mais-valia. Aquele que possui a mais-valia é o senhor do Estado: ele possui as chaves da igreja, dos tribunais, das ciências e das artes.

A competição e o monopólio

As relações entre os capitalistas, que exploram os trabalhadores, são determinadas pela competição, que atua

---

2. No alemão, *Mehrwert*. O termo poderia ser facilmente traduzido por "valor excedente" ou "valor agregado", como em *Mehrwertsteuer*, o Imposto de Valor Agregado (IVA) vigente na Alemanha atual. Optou-se, todavia, por recorrer à terminologia já estabelecida na literatura marxista em língua portuguesa [N.T.].

como a mola-mestra do progresso capitalista. As grandes empresas desfrutam de grandes vantagens técnicas, financeiras, organizacionais, econômicas e, "last but not least"[3], políticas em relação às pequenas empresas. A maior quantidade de capital dá invariavelmente àquele que a detém a vitória na disputa da concorrência. Assim se cria a base inalterável do processo de concentração e centralização do capital.

Enquanto estimula o desenvolvimento progressivo da técnica, a competição consome gradualmente não apenas as camadas intermediárias de empresários, mas também a si mesma. Sobre os cadáveres e semicadáveres de pequenos e médios capitalistas, surge um número cada vez menor de magnatas capitalistas cada vez mais poderosos. Desse modo, da concorrência honesta, democrática e progressista invariavelmente surge o monopólio daninho, parasitário e reacionário. Seu domínio começou a se afirmar desde 1880, assumindo seus contornos definitivos na virada do século. Agora, a vitória do monopólio é abertamente reconhecida pelos representantes mais oficiais da sociedade burguesa. (A influência reguladora da concorrência – reclama o [ex-]procurador-geral dos Estados Unidos, Sr. Homer S. Cummings – está praticamente desaparecendo, e, de modo geral, permanece apenas como uma fraca lembrança das condições que existiram.) No entanto, quando Marx, prevendo o

---

3. A expressão aparece em língua inglesa no original alemão e significa "por fim, mas não menos importante" [N.T.].

futuro desenvolvimento do sistema capitalista através de sua análise, pela primeira vez demonstrou que o monopólio é uma consequência das tendências inerentes ao capitalismo, o mundo burguês continuou a considerar a concorrência uma lei eterna da natureza.

A eliminação da concorrência pelo monopólio marca o início da desintegração da sociedade capitalista. A concorrência foi a mola-mestra, a mente criativa do capitalismo e a justificativa histórica dos capitalistas.

Da mesma forma, a eliminação da concorrência marca a transformação dos acionistas em parasitas sociais. A concorrência exigia certas liberdades, uma atmosfera liberal, um regime democrático, e um cosmopolitismo comercial. O monopólio reivindica um governo tão autoritário quanto possível, fronteiras isoladas, suas "próprias" fontes de matéria-prima e seus próprios mercados (colônias). O ápice da desintegração do capitalismo monopolista é o fascismo.

A concentração do capital e o crescimento das contradições de classe

Os capitalistas e seus defensores tentam de todas as maneiras esconder a real extensão da concentração da riqueza dos olhos do povo, bem como dos olhos do fisco. No intuito de maquiar a verdade, a imprensa burguesa ainda se esforça por manter a ilusão de uma distribuição "democrática" do investimento capitalista. O *New York Times*, buscando refutar os marxistas, aponta que existiriam de três a cinco milhões de empregadores individuais de mão de obra. É certo que as sociedades anônimas representam uma concentração de capital muito maior do que os três a cinco milhões de empregadores individuais, embora os Estados Unidos contem com "meio milhão de sociedades".

Recorre-se a esse tipo de malabarismo com montantes arredondados e números médios, não para esclarecer a verdade, mas para escondê-la. Do início da guerra[4] até 1923, o número de oficinas e fábricas caiu do índice 100 para 98,7, enquanto a massa da produção industrial aumentou do índice 100 para 113. Durante os anos de grande prosperidade (1923-1929), quando parecia que o mundo todo estaria próximo de se tornar rico, o índice de oficinas e fábricas caiu de 100 para 93,8, enquanto a produção subiu de 100 para 156. No entanto, a concentração de estabelecimentos comerciais, limitados por seus pesados corpos materiais, está muito aquém da concentração de suas almas, ou seja, de seus bens. Em 1929, os Estados Unidos realmente tinham mais de 300 mil empresas, como o *New York Times* corretamente apresenta.

É preciso apenas acrescentar que 200 dessas empresas, ou seja, 0,07% do número total, controlavam diretamente 49,2% dos ativos de todas as corporações! Quatro anos

---

4. Trotsky se refere à Primeira Guerra Mundial. Tendo escrito essa reflexão em abril de 1939, ou seja, antes da eclosão da Segunda Guerra Mundial, o autor, ao se referir à Guerra ou à Grande Guerra, remete ao conflito mundial entre 1914 e 1918 [N.T.].

mais tarde essa proporção já havia subido para 56%, e durante os anos da administração Roosevelt ainda mais. E em meio a essas 200 sociedades anônimas, o domínio real é controlado por uma pequena minoria. (Um comitê do Senado dos Estados Unidos descobriu em fevereiro de 1937 que, nos últimos vinte anos, as decisões das doze maiores corporações foram equivalentes às diretrizes para a maior parte da indústria americana. O número de presidentes administrativos[5] dessas corporações é quase o mesmo que o número de membros do gabinete do Presidente dos Estados Unidos, ou seja, do governo da República. Mas esses presidentes administrativos são incomensuravelmente mais poderosos do que os membros do gabinete.)

Os mesmos processos podem ser observados nos sistemas bancário e de seguros. Cinco das maiores seguradoras dos Estados Unidos absorveram não apenas as outras seguradoras, mas também diversos bancos. O número total de bancos foi reduzido por conta dessas absorções, principalmente na forma das chamadas "fusões". Esse processo tem se acelerado vertiginosamente. Acima dos bancos eleva-se a oligarquia dos superbancos. O capital do banco se funde com o capital industrial na forma do "capital financeiro".

Supondo que a concentração da indústria e dos bancos prossiga no mesmo ritmo que durante o último quarto de século – na verdade, o ritmo de concentração está

---

5. Trotsky se refere à figura do Chief Executive Officer, no linguajar atual [N.T.].

em crescimento – no curso do próximo quarto de século, os homens dos *trustes* terão usurpado para si toda a economia do país.

Nós recorremos aqui às estatísticas dos Estados Unidos apenas porque são bastante precisas e mais expressivas. Essencialmente, o processo de concentração é de caráter internacional. Ao longo das várias fases do capitalismo, através das fases dos ciclos conjunturais, através de todos os regimes políticos, através dos períodos pacíficos, bem como através dos períodos de conflitos armados, o processo de concentração das grandes fortunas em um número cada vez menor de mãos tem continuado e continuará até o fim. Durante os anos da Grande Guerra, quando as nações estavam sangrando até a morte, quando os sistemas fiscais deslizavam para o abismo, arrastando consigo as classes médias, os senhores dos *trustes* ajuntavam do sangue e da sujeira lucros para si como jamais o haviam feito. As corporações mais poderosas dos Estados Unidos aumentaram seu capital durante os anos da guerra duas, três, quatro, dez vezes e incharam seus dividendos em 300, 400, 900 e mais por cento.

No ano de 1840, oito anos antes da publicação do *Manifesto do Partido Comunista* por Marx e Engels, o famoso escritor francês Alexis de Tocqueville escreveu em seu livro sobre a democracia na América: "A grande riqueza tende a desaparecer, o número de pequenas fortunas a aumentar". Esse pensamento foi reiterado inúmeras vezes, a princípio com referência aos Estados Unidos, depois com referência àquelas outras jovens democracias, como a Austrália e a Nova Zelândia. É verdade, as ideias de Tocqueville já estavam erradas em seu próprio tempo! Quando, todavia, a real concentração de capital começou após a Guerra Civil americana, a concepção de Tocqueville morreu. No início do século XX, 2% da população dos Estados Unidos já possuía mais da metade de toda a riqueza do país; em 1929, os mesmos 2% possuíam 3/5 da riqueza nacional. Na mesma época, 36 mil famílias ricas tinham uma renda equivalente a 11 milhões de famílias pobres e de classe média. Durante a crise de 1929-1933, os *trustes* não tiveram a necessidade de apelar para a caridade; pelo contrário, eles se lançavam cada vez mais para o alto, acima do declínio geral da economia nacional. Durante o frágil renascimento industrial que se seguiu ao fermento lançado pelo *New Deal*, os homens dos *trustes* anteciparam novos lucros. Enquanto o número de desempregados diminuiu, na melhor das hipóteses, de 20 para 10 milhões, a elite da sociedade capitalista – na melhor das hipóteses 6 mil pessoas – acumulou ao mesmo tempo lucros fantásticos. Isso é o que o procurador-geral Robert H. Jackson descobriu, com base em números. Para nós, no entanto, o conceito abstrato do capital monopolista está coberto de carne e osso. O que isso significa é que um punhado de famílias, unidas por laços de parentesco e interesses em comum em uma oligarquia capitalista fechada, dispõe da fortuna econômica e política de uma grande nação. Deve-se reconhecer que a lei marxista da concentração se revela em conformidade com os fatos. O escritor americano Ferdinand Lundberg, apesar de sua honestidade acadêmica, um economista bastante conservador, escreveu em um livro que causou sensação: "Os Estados Unidos hoje estão nas mãos de usurários e são dominados por uma hierarquia de 60 das famílias mais ricas, apoiadas por não mais do que 90 famílias de menor riqueza. A estes dois grupos pode ser acrescentado um terceiro de talvez trezentas outras famílias, com rendimentos superiores a cem milhões de dólares por ano. A posição dominante pertence ao primeiro grupo, que domina não apenas a economia, mas também as alavancas do governo. Representa o governo real, o governo do saco de dinheiro em uma democracia do dólar".

Os ensinamentos de Marx estão obsoletos?

A questão da concorrência, da concentração de capital e do monopólio leva naturalmente à questão se a teoria econômica de Marx em nossa época não passa de mero interesse histórico – como, por exemplo, a teoria de Adam Smith –, ou se ela ainda é atual. O critério que permite responder a esta pergunta é simples.

Se a teoria marxista nos permite determinar o curso do desenvolvimento social e prever o futuro [desse desenvolvimento] de maneira mais adequada do que as outras teorias, então ela continua sendo a teoria mais avançada de nosso tempo, mesmo que já conte com várias décadas desde sua proposição.

O conhecido economista alemão Werner Sombart, que foi um verdadeiro marxista no início de sua carreira, mas posteriormente revisou suas visões revolucionárias, contrapôs a'*O capital* de Marx o seu próprio *Capitalismo moderno*, que é provavelmente a representação apologética mais famosa da economia burguesa dos últimos tempos. Sombart escreveu: "Karl Marx previu: primeiramente, o desenvolvimento progressivo da miséria dos trabalhadores assalariados, em seguida, a concentração generalizada com o desaparecimento das classes artesanais e camponesas, em terceiro lugar, o colapso do capitalismo. Nada disso aconteceu".

Sombart contrasta esse prognóstico equivocado com seu próprio prognóstico "estritamente científico". Segundo Sombart, o capitalismo continuará a se transformar interiormente na direção em que já começou a se transformar na época de seu florescimento. Na medida em que envelhece, ele gradualmente se torna calmo, quieto, racional. Não estamos tentando mais do que ver amplamente qual dos dois está certo: ou Marx com sua profecia da catástrofe, ou Sombart, que prometeu em nome de toda a economia burguesa que as coisas seriam "calmas", "tranquilas" e "razoáveis". O leitor admitirá que a questão merece ser examinada.

A teoria do empobrecimento

"A acumulação de capital em um polo", escreveu Marx 60 anos antes de Sombart, "resulta na acumulação de miséria, sofrimento, escravidão, ignorância, brutalidade e degradação espiritual no polo oposto, isto é, do lado das classes cujo produto assume a forma de capital". Esta teoria de Marx, conhecida como a "teoria do empobrecimento", tem sido alvo de ataques ininterruptos de democratas e social-democratas reformistas, especialmente durante o período de 1890 a 1914, quando o capitalismo estava se desenvolvendo rapidamente e concessões foram feitas a certos trabalhadores, especialmente aos seus estratos superiores. Depois da Guerra Mundial, quando a burguesia, apavorada com seus próprios crimes e apavorada com a Revolução de Outubro, embarcou no caminho de reformas amplamente elogiadas – reformas que foram na verdade imediatamente revertidas por causa da inflação e do desemprego –, pareceu aos reformistas e professores burgueses que a teoria da transformação progressiva da sociedade capitalista estava completamente assegurada. "O poder de compra do trabalho assalariado", assegurou-nos Sombart em 1908 e 1928, "aumentou na proporção direta da expansão da produção capitalista!"

Na verdade, no entanto, o antagonismo econômico entre a burguesia e o proletariado intensificou-se mesmo no período mais próspero do desenvolvimento capitalista, embora a elevação do padrão de vida de algumas classes trabalhadoras, para aquele momento suficientemente extensas, mascarasse a diminuição da participação de todo o proletariado na renda nacional. Assim, entre 1920 e 1930, pouco antes da queda provocada pela crise, a produção industrial nos Estados Unidos aumentou 50%, enquanto o valor pago em salários aumentou apenas 30%. Isso demonstra, portanto, uma redução extraordinária da participação dos trabalhadores na renda nacional. Em 1930 o desemprego começou a aumentar, o que exigiu a partir de 1933 uma ajuda mais ou menos sistemática aos desempregados, que recebiam em forma de subsídios pouco mais da metade do que haviam perdido em salários.

As ilusões de "progresso" ininterrupto de todas as classes desapareceram sem deixar vestígios. O declínio relativo no padrão de vida das massas deu lugar a um declínio absoluto. Os trabalhadores começam a economizar em seus prazeres escassos, depois em suas roupas e, por último, em sua alimentação. Os artigos e produtos de qualidade média são substituídos por bugigangas e as bugigangas por refugo. Os sindicatos começam a se parecer com aquela pessoa que desesperadamente se agarra ao corrimão enquanto tomba por um lance de escada íngreme.

Com 6% da população mundial, os Estados Unidos possuem 40% do capital mundial. Apesar disso, 1/3 da nação, como o próprio Roosevelt admitiu, vive desnutrida, malvestida e em condições desumanas. Como é então a situação nos países muito menos privilegiados? A história do mundo capitalista desde a última guerra fortaleceu irrevogavelmente a chamada teoria do empobrecimento.

O regime fascista, que só leva ao extremo os limites do declínio e que expressa a reação inerente ao capitalismo imperialista, destruirá inevitavelmente, em decorrência da tendência degenerativa do capitalismo, a possibilidade de manutenção da ilusão de que o padrão de vida do proletariado ascenderá. A ditadura fascista revela abertamente a tendência ao empobrecimento, enquanto as democracias imperialistas muito mais ricas ainda tentam escondê-lo. Se Mussolini e Hitler perseguem o marxismo com tanto ódio, é apenas porque seu próprio regime é a terrível confirmação da profecia marxista. O mundo civilizado ficou indignado, ou fingiu indignação, quando Göring, com o tom do carrasco e bufão que o caracteriza, declarou que "os canhões são muito mais necessários do que a manteiga", ou quando Mussolini explicou aos trabalhadores italianos que eles deveriam aprender a apertar o cinto em torno de suas camisas-negras[6]. Mas a mesma coisa não está acontecendo basicamente nas democracias imperialistas? A manteiga é usada em todos os lugares para untar os canhões. Os trabalhadores da França, Inglaterra e Estados Unidos aprendem a apertar o cinto sem que tenham camisas-negras.

O exército industrial de reserva e a nova subclasse dos desempregados

O exército industrial de reserva é uma parte inseparável da mecânica social do capitalismo, assim como as máquinas e matérias-primas em uma fábrica, ou como

---

6. Em referência ao grupo paramilitar miliciano que se constituiu como braço violento do partido fascista de Mussolini. Traziam um uniforme na cor preta, razão pela qual ficaram conhecidos como *camicie nere* (camisas-negras).

um depósito de produtos industrializados nos armazéns. Nem a expansão geral da produção, nem a adaptação do capital às vazantes e fluxos periódicos do ciclo industrial seriam possíveis sem uma reserva de força de trabalho. Da tendência geral do desenvolvimento capitalista – crescimento do capital constante (máquinas e matéria-prima) à custa do capital variável (força de trabalho) – Marx tira a seguinte conclusão: "Quanto maior a riqueza social, maior a massa de superpopulação permanente; [...] quanto maior o exército industrial de reserva, [...] maior a massa em miséria oficial. Esta é a lei geral absoluta da acumulação capitalista". Esta tese, indissociavelmente ligada à "teoria do empobrecimento" e declarada durante décadas como "exagerada", "tendenciosa", "demagógica", é agora o retrato perfeito da realidade. O atual exército desempregado não pode mais ser considerado um exército industrial de reserva porque seu grosso não pode mais esperar encontrar trabalho; pelo contrário, está destinado a inchar em uma inundação constante de novos desempregados. A dissolução, a desintegração do capitalismo criaram toda uma geração de jovens que nunca tiveram um emprego e que não têm esperança de encontrar um. Esta nova subclasse entre o proletariado e o semiproletariado é forçada a viver à custa da sociedade. Calculou-se que durante nove anos, de 1930 a 1938, o desemprego custou [à economia norte-americana] mais de 43 milhões de anos-trabalho[7].

---

7. O ano-trabalho corresponde a uma unidade criada para aferir a quantidade de trabalho que um indivíduo é capaz de realizar ao longo

Se considerarmos que em 1929, no auge da prosperidade dos Estados Unidos, havia dois milhões de desempregados, e que nos últimos nove anos o número real de trabalhadores aumentou em cinco milhões, o número total de anos-trabalho perdidos se multiplica [incomparavelmente]. Uma ordem social devastada por tal flagelo está em estado terminal. O diagnóstico exato dessa doença foi dado há quase 80 anos, quando a doença em si era apenas um germe.

O declínio das classes médias

Os números que mostram a concentração do capital mostram, ao mesmo tempo, que o peso específico da classe média na produção e a sua participação na renda nacional não param de diminuir. Ao mesmo tempo, por terem sido pressionadas e privadas de sua independência, as pequenas empresas tornaram-se meros símbolos de sofrimento insuportável e de absoluta e desesperada carestia. É verdade. O desenvolvimento do capitalismo promoveu visivelmente, ao mesmo tempo, o crescimento do exército de técnicos, gerentes, funcionários públicos, médicos, em outras palavras, daqueles que são chamados de "nova classe média". Mas esse estrato, cujo crescimento não era de forma alguma um mistério para Marx, guarda pouca semelhança com a velha classe mé-

---

de um ano-calendário, considerando a quantidade de horas trabalhadas semanalmente de acordo com a legislação ou média estatística de um determinado país [N.T.].

dia, que encontrava na posse de seus próprios meios de produção uma garantia tangível de sua independência. A "nova classe média" é mais dependente dos capitalistas do que os trabalhadores. Na verdade, está amplamente sob a predominância dessa classe; aliás, há uma super-produção considerável dessa "nova classe média", com o resultado: a degradação social.

"As informações estatísticas mostram com credibi-lidade que muitas empresas industriais desapareceram completamente e que há uma erradicação progressi-va dos proprietários de pequenos negócios como um fator na vida americana", afirmou o procurador-geral dos Estados Unidos Cummings, uma pessoa que está longe do marxismo, e que nós já mencionamos. Mas Sombart [junto com muitos de seus precursores e su-cessores, a despeito de Marx] objeta que "a concentra-ção geral, independentemente do desaparecimento da classe artesanal e camponesa" ainda não ocorreu. [É difícil dizer o que tem mais peso em tal argumento, irresponsabilidade ou má-fé.] Como todos os teóri-cos, Marx começou a isolar as tendências básicas em sua forma pura; caso contrário, teria sido totalmente impossível compreender a habilidade da ordem social capitalista. Marx, no entanto, foi capaz de ver os fenô-menos da vida à luz da análise concreta, como o pro-duto da concatenação dos vários fatores históricos. As leis de Newton não são invalidadas pelo fato de que a velocidade de queda do corpo varia de acordo com as diferentes condições, ou que a órbita dos planetas está sujeita a essas variações. Para entender o que se chama de "tenacidade" da classe média, é bom não esquecer que as duas tendências – o declínio das classes médias e a transformação dessas classes arruinadas em proletários – não se desenvolvem de maneira uniforme nem dentro dos mesmos parâmetros. Da crescente preponderância das máquinas sobre a força de trabalho resulta que quanto maior o declínio das classes médias, tanto maior é o processo de sua proletarização; na verdade, em um determinado momento esse processo pode parar completamente e mesmo recuar.

Da mesma forma que a ação das leis fisiológicas em um organismo saudável ou em decomposição produz resultados diferentes, as leis econômicas da economia marxista se confirmam de maneira diferente em um capitalismo em desenvolvimento ou em dissolução. Essa diferença aparece com particular clareza nas relações mútuas entre a cidade e o campo. A população rural dos Estados Unidos, que está crescendo a uma taxa muito mais lenta do que a população total, aumentou continuamente até 1910, ano em que ultrapassou os 32 milhões. Nos 20 anos seguintes, apesar do rápido crescimento da população rural total, esse número caiu para 30,4 milhões, ou seja, diminuiu 1,6 milhão. Mas em 1935 voltou a subir para 32,8 milhões, um acréscimo de 2,4 milhões em relação a 1930. Esta inversão de tendência, embora surpreendente à primeira vista, de forma alguma refuta a tendência da população urbana a aumentar à custa da população rural, nem da tendência das classes médias à atomização – mas ao mesmo tempo mostra muito bem a dissolução do sistema capitalista em sua totalidade. O crescimento da população rural durante o período da maior crise de 1930-1935 pode ser explicado simplesmente pelo fato de aproximadamente 2 milhões de habitantes da cidade, ou mais precisamente 2 milhões de desempregados famintos, fugirem para o campo, para pequenos lotes abandonados pelos agricultores, ou para as fazendas de seus pais e amigos, buscando empregar sua força de trabalho rejeitada pela sociedade através do trabalho produtivo na economia natural, a fim de levar uma vida semimiserável em vez de uma existência completamente miserável.

Neste caso, não se trata da estabilidade dos pequenos agricultores, artesãos e comerciantes, mas antes da terrível miséria da sua situação. Longe de ser uma garantia daquilo que está por vir, a classe média é um traço infeliz e trágico do passado. Incapaz de fazê-la desaparecer completamente, o capitalismo a empurra para o último grau de degradação e extrema privação. O fazendeiro vê--se privado não só da venda de seu pedacinho de chão e do lucro do capital investido, mas também de boa parte de seu salário. Da mesma forma, os pequenos da cidade foram aos poucos corroendo suas reservas e se digladiam por uma existência que não é muito melhor do que a morte. O empobrecimento da classe média não é a única razão de sua proletarização. Portanto, é difícil encontrar um argumento contra Marx nesse assunto, a menos que o capitalismo seja embelezado.

A crise industrial

O final do século XIX e o início do XX foram marcados por avanços tão gigantescos do capitalismo que as crises cíclicas pareciam nada mais do que inconvenientes "aleatórios". Durante os anos de otimismo capitalista quase geral, os críticos de Marx nos asseguraram que o desenvolvimento nacional e internacional de *trustes*, sindicatos e cartéis iniciou um controle planejado no mercado e proclamaram a vitória final sobre a crise. Segundo Sombart, as crises foram "apagadas" ainda antes da guerra pelo próprio mecanismo do capitalismo, de modo que o "problema das crises hoje nos deixa quase indiferentes". Agora, apenas dez anos depois, essas palavras soam como uma piada, porque justamente em nossos dias a profecia de Marx se realiza em toda a sua força trágica. [Em um organismo com sangue envenenado, toda doença incidental tende a se tornar crônica; mesmo assim, no organismo apodrecido do capitalismo monopolista, as crises assumem uma forma particularmente maligna.] É curioso que a imprensa capitalista se esforce para negar o monopólio, mas recorra ao mesmo monopólio para negar a anarquia capitalista. Se 60 famílias controlam a vida econômica dos Estados Unidos, nota ironicamente o *New York Times*, isso corrobora que o capitalismo americano, longe de ser anárquico e desprovido de planos, é cuidadosamente organizado. Não há sentido neste argumento. O capitalismo não foi capaz de desenvolver plenamente nenhuma de suas tendências até o fim. Mesmo a concentração de capital não foi capaz de destruir as classes médias, o monopólio não conseguiu destruir a concorrência, eles não conseguiram nada além de deslocá-los, restringi-los e suprimi-los. Seja qual for o caso, este é o plano de cada uma das 60 famílias, cujas diferentes variantes desses planos não se preocupam em coordenar os vários ramos da economia, mas sim em aumentar os lucros de sua quadrilha monopolista à custa das outras quadrilhas e de toda a nação. O cruzamento de todos esses planos apenas aprofunda a anarquia na economia nacional no final. [A ditadura monopolista e o caos não são mutuamente excludentes; pelo contrário, eles complementam e nutrem uns aos outros.] A crise estourou nos Estados Unidos em 1929, um ano depois de Sombart ter proclamado a total indiferença de sua "ciência" ao problema da própria crise. Como jamais, a economia dos Estados Unidos despencou do pico de prosperidade sem precedentes para o abismo de terrível desfalecimento. Ninguém da época de Marx poderia ter imaginado tamanha magnitude dessas convulsões. A renda nacional nos Estados Unidos girou, em 1920, pela primeira vez em torno de US$ 69 bilhões, apenas para cair para US$ 50 bilhões (ou seja, 27%) no ano seguinte. Como resultado do trabalho humano, a renda nacional atingiu seu ponto máximo em 1929, ou seja, US$ 81 bilhões, apenas para cair para US$ 40 bilhões em 1932, ou seja, em mais da metade. Durante os nove anos, 1930-1938, quase 43 milhões de anos de trabalho humano e US$ 133 bilhões na renda nacional foram perdidos! Trabalho e renda foram calculados usando números de

1939. Se tudo isso não é anarquia, o que mais essa palavra poderia significar?

A teoria do colapso

As mentes [e corações] dos intelectuais de classe média e burocratas sindicais foram quase inteiramente hipnotizadas pelos resultados do capitalismo na era desde a morte de Karl Marx até a eclosão da Guerra Mundial. A ideia de evolução parecia segura para sempre, enquanto a ideia de revolução era vista como um caminho de barbárie. A profecia de Marx [sobre a concentração crescente de capital, sobre o agravamento das contradições de classe, sobre o aprofundamento das crises e sobre o colapso catastrófico do capitalismo, não foi alterada corrigindo-a parcialmente e tornando-a mais precisa, mas] foi confrontada com a profecia [qualitativamente] oposta de uma distribuição mais equilibrada da renda nacional por meio do alívio dos antagonismos de classe e uma reforma gradual da sociedade capitalista. Jean Jaurès, o social-democrata mais talentoso desta época clássica, esperava devolver à democracia política um conteúdo social. Essa é a essência do reformismo. Essa foi a profecia levantada em oposição a Marx. O que sobrou dela? A vida do capitalismo monopolista é uma cadeia de crises. Cada crise é uma catástrofe. O desejo de escapar desses desastres, em parte por meio do fechamento de fronteiras, de inflação, de aumento dos gastos do governo, de tarifas alfandegárias etc., prepara o campo para novas crises, mais profundas e mais amplas. A luta pelos mercados, pelas matérias-primas e pelas colônias torna inevitável a catástrofe militar. Tudo isso prepara inevitavelmente para catástrofes revolucionárias. Realmente não é fácil concordar com Sombart que o capitalismo se torna cada vez mais "quieto, calmo e razoável" com o tempo. Seria mais correto dizer que ele está a caminho de perder seus últimos vestígios de sanidade. Em todo caso, não há dúvida de que a teoria do colapso triunfou sobre a teoria do desenvolvimento pacífico.

A decadência do capitalismo

Se o controle da produção pelo mercado custou muito à sociedade, não é menos verdade que até certo ponto, aproximadamente até a Primeira Guerra Mundial, a humanidade crescia, enriquecia e se desenvolvia através de todas as crises parciais e gerais. A propriedade privada dos meios de produção foi um fator relativamente progressivo nessa época. Hoje, em contrapartida, o controle cego pela lei do valor mostra-se inútil. O progresso humano está em um beco sem saída.

Apesar dos últimos triunfos da tecnologia, as forças produtivas naturais não aumentam. O sintoma mais claro de declínio é o impasse global que existe na indústria da construção como resultado da interrupção do investimento nos ramos fundamentais da indústria. Os capitalistas não conseguem mais acreditar no futuro de seu próprio sistema. O incentivo do Estado à construção civil significa um aumento de impostos e uma redução da renda nacional espontânea, principalmente porque a maior parte do investimento do Estado é direcionado diretamente para fins bélicos.

O declínio assumiu um caráter degradante, especialmente no âmbito da atividade humana mais antiga, que está intimamente ligada às necessidades fundamentais da vida humana – na agricultura. Não satisfeitos com o obstáculo que a propriedade privada em sua forma mais reacionária, a da propriedade pequeno-burguesa, representa para o desenvolvimento da agricultura, os Estados capitalistas se veem cada vez mais obrigados a limitá-la artificialmente por meio de medidas legais e administrativas, de maneira análoga àquelas que dissuadiram os artesãos de seguir suas guildas à época de sua decadência.

A história mostra que os governos dos países capitalistas mais poderosos dão gratificações aos camponeses para que reduzam suas plantações, isto é, para reduzir artificialmente a já declinante renda nacional. Os resultados falam por si: apesar das grandiosas possibilidades de produção, fruto da experiência e da ciência, a economia agrícola não se livra de uma crise de putrefação, enquanto o número de famintos, a maior parte da humanidade, continua crescendo muito mais rápido que a população de nosso planeta. Os conservadores veem a defesa de uma ordem social, que em certa medida se tornou uma loucura destrutiva, como uma política sensata e humanitária e condenam a luta socialista contra essa loucura como o utopismo destrutivo!

Fascismo e o *New Deal*

Dois métodos competem na arena mundial para salvar o capitalismo historicamente condenado: o fascismo e o *New Deal*. O fascismo baseia seu programa na dissolução das organizações operárias, na destruição das reformas sociais e na anulação total dos direitos democráticos para impedir o renascimento da luta de classes. O Estado fascista legaliza oficialmente a degradação dos trabalhadores e o empobrecimento das classes médias em nome da "salvação da nação" e da "raça", palavras presunçosas por trás das quais se esconde o capitalismo decadente. A política do *New Deal*, que, em concordância com a aristocracia operária e camponesa, privilegiando-a se esforça para salvar a democracia imperialista, é acessível em sua mais ampla concepção apenas a nações muito ricas e, neste sentido, é a genuína política americana. O governo americano tem tentado transferir parte do custo dessa política para os ombros dos monopolistas na tentativa de aumentar os salários e reduzir a jornada de trabalho, a fim de aumentar o poder de compra da população e desenvolver a produção. Léon Blum tentou transferir esse sermão para a escola primária francesa. Em vão! O capitalista francês, assim como o americano, não produz por amor à produção, mas pelo lucro. Ele está sempre pronto para restringir a produção, e mesmo para destruir as mercadorias, se sua parte da renda nacional não aumentar.

O mais volátil em meio ao programa do *New Deal* é que ele prega aos magnatas capitalistas, por um lado, a respeito dos benefícios do aumento dos preços e, por outro lado, o governo distribui bônus para reduzir a produção. Você pode imaginar uma confusão maior? O governo confunde seus críticos com o desafio: pode você fazer melhor? O ponto de tudo isso é que a situação na base do capitalismo é desesperadora. Desde o final de 1933, isto é, nos últimos seis anos, o governo federal, estados e cidades distribuíram quase US$ 15 bilhões em ajuda aos desempregados, uma quantia insatisfatória que representa apenas a metade dos salários perdidos, mas também uma soma colossal se olharmos para a redução da renda nacional. Durante 1938, que se tornou um ano de relativo renascimento econômico, a dívida dos Estados Unidos aumentou em US$ 2 bilhões e somou U$$ 38 bilhões. Isto significa que ela ultrapassou o nível mais alto de endividamento, no final da Guerra Mundial, em US$ 12 bilhões.

No início de 1939, a dívida ultrapassava US$ 40 bilhões. E depois? O aumento da dívida nacional é, sem dúvida, um fardo para as gerações futuras. Mas o *New Deal* só é possível por causa da fortuna colossal acumulada das gerações anteriores. Somente uma nação muito rica poderia se permitir políticas tão extravagantes. Mas mesmo essa nação não pode continuar a viver indefinidamente à custa das gerações anteriores. As políticas do *New Deal*, com seus resultados fictícios e o aumento real da dívida nacional, devem inevitavelmente levar a uma reação capitalista sanguinária e a uma explosão devastadora do imperialismo. Em outras palavras, leva ao mesmo resultado que a política do fascismo.

Anomalia ou norma?

O Secretário de Estado do Interior dos Estados Unidos, Harold Ickes, considera o fato de a América ser democrática na forma e autocrática no conteúdo uma "curiosa anomalia da história": "Os Estados Unidos da América, o país em que a maioria governa, foram controlados ao menos até o ano de 1933 (!) pelos monopólios, que à sua maneira são controlados por um pequeno número de acionistas". O diagnóstico está correto, com exceção da insinuação de que, com o advento de Roosevelt, a regra do monopólio cessou ou enfraqueceu. Enquanto isso, o que Ickes chama de "uma das anomalias mais estranhas da história" é de fato a norma inegável do capitalismo. A dominação dos fracos pelos fortes, dos muitos por uns poucos, dos trabalhadores pelos exploradores, é uma lei fundamental da democracia burguesa. A única coisa que diferencia os Estados Unidos do resto do mundo é a dimensão muito maior e a enormidade das contradições capitalistas, a ausência de passado feudal, imensos recursos naturais, um povo enérgico e empreendedor, em uma palavra, todas essas condições que o desenvolvimento democrático ininterrupto anunciado produziu, de fato, uma fantástica concentração de riqueza. Prometendo-nos dessa vez lutar até a vitória final contra os monopólios, Ickes toma como exemplo, de maneira descuidada, a Thomas Jefferson, Andrew Jackson, Abraham Lincoln, Theodore Roosevelt e Woodrow Wilson como os precursores de Franklin D. Roosevelt. "[Praticamente] Todas as nossas grandes figuras históricas", afirmou ele em 30 de dezembro de 1937, "são caracterizadas por sua luta obstinada e corajosa pela prevenção [e o controle da superconcentração da riqueza], bem como contra a concentração do poder em poucas mãos". Suas próprias palavras mostram, no entanto, que o resultado desta "luta persistente e corajosa" é o completo domínio da democracia pela plutocracia.

Por alguma razão inexplicável, Ickes acredita que a vitória está garantida dessa vez, desde que as pessoas entendam que a luta ["não é entre o *New Deal* e o empresário esclarecido médio, mas entre o *New Deal* e os Bourbons das 60 famílias que colocaram o resto dos empresários nos Estados Unidos sob o terror de sua dominação". Mas este porta-voz de autoridade não explica como os "Bourbons" conseguiram subjugar todos os empresários esclarecidos, não obstante a democracia e os esforços das "maiores figuras históricas"]. Os Rockefellers, os Morgans, os Mellons, os Vanderbilts, os Guggenheims, os Fords e companhia não invadiram os Estados Unidos de fora como Cortez fez no México; eles surgiram organicamente do "povo", ou mais precisamente da classe de "industriais e empresários de classe média", e representam hoje, segundo a previsão de Marx, o pico natural do capitalismo. Se uma democracia jovem e forte, em seu auge, não foi capaz de conter a concentração de riqueza enquanto o processo ainda estava em seus primórdios, seria possível, mesmo que por um único minuto, acreditar que uma democracia em declínio seria capaz de enfraquecer os antagonismos das classes que atingiram seu clímax extremo? É evidente que as experiências do *New Deal* não oferecem qualquer motivo para otimismo.

Rejeitando a acusação da indústria pesada [contra o governo], R.H. Jackson, uma pessoa de alto escalão na esfera administrativa, baseado em estatísticas, mostrou que os lucros dos magnatas do capital sob a presidência de Roosevelt atingiram um nível que eles sequer podiam sonhar durante a presidência de Hoover, o que em todo caso demonstra que a luta de Roosevelt contra os monopólios não foi coroada com muito maior sucesso do que a de seus predecessores.

[Embora se sintam chamados a defender os fundamentos do capitalismo, os reformadores, na própria natureza das coisas, mostram-se impotentes para controlar suas leis com medidas de política econômica. O que mais eles podem fazer senão moralizar? O Sr. Ickes, como os outros membros do gabinete e publicistas do *New Deal*, acaba apelando aos monopolistas para não esquecerem a decência e os princípios da democracia. Como isso é melhor do que orações por chuva? Certamente, a visão de Marx sobre o proprietário dos meios de produção é muito mais científica. "Como um capitalista", lemos em *O capital*, "ele é apenas o capital personificado. Sua alma é a alma do capital. Mas o capital tem apenas um único objetivo na vida, criar mais-valor". Se o comportamento do capitalista fosse determinado pelos atributos de sua alma individual ou das efusões líricas do Secretário do Interior, nem os preços médios nem os salários médios seriam possíveis, nem a contabilidade, nem toda a economia capitalista. No entanto, a contabilidade continua a florescer e é um forte argumento a favor da concepção materialista da história.]

Charlatanismo jurídico

"A menos que destruamos o monopólio", disse o ex-procurador-geral dos Estados Unidos, Homer S. Cummings, em novembro de 1937, "o monopólio encontrará maneiras de destruir a maior parte de nossa reforma e, no final, diminuir os padrões de nossa vida comum". Citando números surpreendentes para provar que "a tendência para uma concentração indevida de riqueza e controle econômico era inconfundível", Cummings foi ao mesmo tempo forçado a admitir que a luta legislativa e judicial contra os *trustes* até agora não levou a lugar nenhum. "Uma intenção sinistra", queixou-se, "é difícil de estabelecer" quando se trata de "resultados econômicos". Esse é apenas o ponto! Pior do que isso: a luta judicial contra os *trustes* trouxe "confusão ainda mais confusa".

Esse pleonasmo feliz expressa com bastante propriedade a impotência da justiça democrática em sua luta contra a lei marxista do valor. Não há motivos para esperança de que o sucessor do Sr. Cummings, Sr. Frank Murphy, será mais afortunado em resolver essas tarefas, cuja simples apresentação testemunha o charlatanismo desesperado na esfera do pensamento econômico.

De volta ao passado

Pode-se somente concordar com o Professor L.S. Douglas, o ex-diretor de orçamento do governo Roosevelt, quando ele condena o governo por "atacar" os monopólios em uma área e incentivá-los em muitas outras. Na realidade, porém, não pode ser de outra forma: segundo Marx, "o governo é o comitê executivo da classe dominante". [Hoje, os monopolistas são o setor mais forte da classe dominante.] Desse modo, esse governo não pode lutar contra os monopólios em geral, ou seja, contra a classe com cuja vontade governa.

Ao atacar certos monopólios, o governo é forçado a procurar aliados em outros monopólios. Em aliança com os bancos e a indústria leve, pode ocasionalmente desferir um golpe contra os *trustes* da indústria pesada, que, a propósito, continuam arrecadando lucros fantásticos.

Lewis Douglas não opõe ao charlatanismo oficial a ciência [mas somente outra forma de charlatanismo]. Ele vê a fonte do monopólio não no capitalismo, mas no protecionismo, e chega à conclusão de que a salvação da sociedade não deve ser buscada na abolição da propriedade privada dos meios de produção, mas na redução das tarifas alfandegárias. "Enquanto a liberdade dos mercados não for restaurada", ele prega, "é duvidoso se a liberdade das instituições, das empresas, da palavra, da educação, da religião possa sobreviver". Em outras palavras: se a liberdade do comércio internacional não for restaurada, a democracia – em todos os lugares e na dimensão em que ela [ainda] sobrevive – deve ceder seu lugar a uma ditadura revolucionária ou fascista. Mas a liberdade de comércio internacional é impensável sob o regime de monopólio. Infelizmente, como Ickes, como Jackson, como Cummings e como o próprio Roosevelt, Douglas não se preocupou em nos mostrar seus próprios remédios contra o capitalismo monopolista e, consequentemente, contra uma revolução ou um regime totalitário.

A liberdade de comércio, assim como a liberdade de competição, a prosperidade das classes médias são coisas do passado. Recuperar o passado é o único remédio para os reformistas democráticos do capitalismo hoje: recuperar mais "liberdade" para os pequenos e médios industriais e empresários. Mudar o sistema monetário e de crédito a seu favor, libertar o mercado do domínio dos *trustes*, abolir do mercado de ações os especuladores profissionais, restabelecer a liberdade internacional de comércio, e assim por diante em sucessão infinita. Os reformistas sonham inclusive em limitar o uso de máquinas e proibir a tecnologia que perturba o equilíbrio social e causa inúmeras convulsões. [A propósito disso, um importante cientista americano observou com um sorriso amargo que, aparentemente, a segurança só poderia ser alcançada retornando à ameba feliz ou, falhando nisso, ao suíno satisfeito.]

Os eruditos e o marxismo

[No entanto, infelizmente, este mesmo cientista, Dr. Robert A. Millikan, da mesma forma olha para trás em vez de para a frente.] Em uma palestra de defesa da ciência dada em 7 de dezembro de 1937, Dr. Robert Millikan, um dos melhores físicos dos Estados Unidos da América, disse: "As estatísticas dos Estados Unidos mostram que a porcentagem da população que 'trabalha lucrativamente' não parou de aumentar durante os últimos 50 anos, anos estes em que a ciência teve mais sucesso". Esta defesa do capitalismo na forma de uma defesa da ciência não pode ser considerada muito feliz. Particularmente no último meio século [em que "foi rompido o elo dos tempos"], a interação entre economia e tecnologia mudou profundamente. O período de que fala Millikan inclui o início do declínio do capitalismo e o auge da prosperidade capitalista. Esconder o início desta decadência, que é global, é tornar-se um apologista do capitalismo. Rejeitando casualmente o socialismo através de argumentos que não seriam dignos nem mesmo de Henry Ford, Dr. Millikan afirma que, sem aumentar o nível de produção, nenhum sistema de distribuição pode satisfazer as necessidades das pessoas. Isso é indiscutível, mas é lamentável que o célebre físico não tenha explicado aos milhões de desempregados norte-americanos como poderiam contribuir para o aumento da renda nacional. Os sermões sobre a maravilhosa graça da iniciativa individual e sobre a máxima produtividade do trabalho certamente não criam empregos para quem procura emprego, não impedem a progressão do déficit orçamentário e não conduzem a economia nacional para longe desse beco sem saída.

O que distingue Marx é a universalidade de seu gênio, sua capacidade de compreender os fenômenos e os processos a eles atrelados nos vários campos e em suas interrelações. Sem ser um especialista em ciências naturais, foi um dos primeiros a valorizar a importância das grandes descobertas nesse campo, como, por exemplo, a teoria do darwinismo. [Marx tinha certeza dessa preeminência não tanto em virtude de seu intelecto, mas em virtude de seu método.] Os estudiosos, imbuídos das ideias da burguesia, podem acreditar que estão muito acima do socialismo. Mas o caso de Robert Millikan é acima de tudo uma confirmação do fato de que eles são apenas charlatães sem esperança no campo da sociologia. [Eles deveriam aprender o pensamento científico com Marx.]

As possibilidades da produção e a propriedade privada

Em sua mensagem ao Congresso no início de 1937, Roosevelt expressou o desejo de aumentar a renda nacional para US$ 90 ou US$ 100 bilhões, sem dar qualquer indicação de como faria isso. Este programa é, em si, extremamente modesto. Em 1929, quando existiam cerca de dois milhões de desempregados, a renda nacional atingiu US$ 81 bilhões. A ativação das forças produtivas existentes seria suficiente não apenas para implementar o programa de Roosevelt, mas para excedê-lo consideravelmente. Máquinas, matérias-primas, mão de obra, não falta nada – nem mesmo as necessidades da população [pelos produtos]. Apesar de tudo isso, esse plano não pode ser realizado. [E, de fato, é irrealizável.] A única razão para isso é o antagonismo inibidor que se desenvolve entre a propriedade capitalista e a necessidade da sociedade de aumentar a produção. A famosa Pesquisa Nacional de Capacidade Potencial de Produção, patrocinada pelo governo, concluiu que o custo total de produção e [serviços] em 1929, calculado com base nos preços de varejo, [somava] cerca de US$ 94 bilhões. Se, no entanto, todas as possibilidades de produção tivessem sido realmente exploradas, esse número subiria para US$ 135 bilhões, o que equivaleria a uma média de US$ 4.370 dólares por ano por família, valor que garantiria uma vida digna e confortável. Deve-se acrescentar que o cálculo da "Pesquisa Nacional" é baseado na presente organização da produção nos Estados Unidos, aquela criada pela história anárquica do capitalismo. Se esta organização fosse reestruturada com base em um plano socialista unificado, as taxas de produção poderiam ser consideravelmente excedidas e um alto padrão de vida e conforto baseado sobre uma jornada de trabalho extremamente curta poderia ser assegurado para todos.

Para salvar a sociedade, [portanto], não é preciso deter o desenvolvimento da tecnologia, fechar fábricas, dar bônus aos agricultores para que sabotem a agricultura, transformar um terço dos trabalhadores em mendigos ou apelar a ditadores loucos. Todas essas medidas, que decididamente põem em perigo os interesses da sociedade, são desnecessárias. O que é absolutamente necessário é a separação dos meios de produção de seus proprietários parasitas [atuais] e a organização da sociedade de acordo com um plano racional. Só então será possível realmente curar a sociedade de seus males. Todos os que podem trabalhar encontrarão trabalho. A duração da jornada de trabalho será reduzida gradualmente. As necessidades de todos os membros da sociedade serão atendidas cada vez mais. As palavras "[propriedade]", "crise", "exploração" desaparecerão da linguagem cotidiana. A humanidade finalmente cruzará o limiar em direção à humanidade real.

A inevitabilidade do socialismo

"Com o número cada vez menor de magnatas do capital", afirma Marx, "cresce a massa de miséria, de opressão, de servidão, de degeneração, de exploração, mas também a indignação da classe trabalhadora em crescimento constante e disciplinada, unificada e organizada pelo mecanismo do processo de produção capitalista: a centralização dos meios de produção e a socialização do trabalho chegam a um ponto em que se tornam incompatíveis com seu invólucro capitalista. Ele será explodido. A hora da propriedade privada capitalista se aproxima. Os expropriadores serão expropriados". Essa é a revolução socialista. Para Marx, o problema da reconstrução da sociedade não é gestado por prescrições motivadas pela preferência pessoal; ele resulta como uma necessidade histórica e inexorável, por um lado, do crescimento das forças produtivas até sua plena maturidade, por outro lado, da impossibilidade de um maior desenvolvimento dessas forças produtivas sob o domínio da lei do valor.

As omissões de certos intelectuais, segundo as quais, apesar da escola marxista, o socialismo não é inevitável, mas apenas possível, não têm sentido. É claro que Marx nunca quis dizer que o socialismo pode ser alcançado sem intervenção humana consciente: tal ideia é simplesmente absurda.

Marx ensinou que para sair da catástrofe econômica à qual o desenvolvimento capitalista deve inevitavelmente conduzir – e essa catástrofe está ocorrendo diante de nossos olhos – não há outra saída senão a socialização dos meios de produção. As forças produtivas precisam de um novo organizador e de um novo mestre e, [posto que] o ser determina a consciência, Marx não duvidou de que a classe trabalhadora, mesmo à custa de erros e contratempos, chegará ao ponto de compreender a situação e, mais cedo ou mais tarde, tirar as conclusões práticas necessárias.

Que a socialização dos meios de produção criados pelos capitalistas oferece uma enorme vantagem econômica pode ser visto não somente na teoria, como pode também ser comprovado através das experiências na União Soviética, apesar de suas limitações. É verdade que os reacionários capitalistas, não sem a habilidade, fazem do regime stalinista um espantalho contra a ideia do socialismo.

De fato, porém, Marx nunca disse que o socialismo poderia ser alcançado em um país, muito menos em um país atrasado. As privações a que estão expostas as massas da União Soviética, a onipotência da casta privilegiada que se elevou acima da nação e sua miséria, [finalmente], a arbitrariedade ultrajante dos burocratas não é consequência do [método econômico socialista], mas sim do isolamento e atraso histórico da União Soviética, dominada pelo cerco capitalista. O mais surpreendente é que a economia planejada conseguiu demonstrar sua superioridade inegável, mesmo em condições excepcionalmente desfavoráveis.

Todos os salvadores do capitalismo, tanto democráticos como fascistas, tentam limitar ou pelo menos esconder o poder dos magnatas do capital, a fim de prevenir a "expropriação dos expropriadores". Todos eles reconhecem, e alguns admitem abertamente, que a derrota de suas tentativas reformistas leva inevitavelmente à revolução socialista. Todos vocês conseguiram mostrar que seus métodos de salvar o capitalismo nada mais são do que charlatanismo reacionário e impotente. A previsão de Marx sobre a inevitabilidade do socialismo é, portanto, confirmada [plenamente] pelo absurdo.

A inevitabilidade da revolução socialista

A propaganda da "tecnocracia", que floresceu no período da grande crise de 1929-1932, baseava-se na correta premissa de que a economia só poderia ser racionalizada somente se elevada ao nível da ciência por meio da conexão com a tecnologia e com o Estado posto a serviço da sociedade. [Essa união é possível, desde que a técnica e o governo sejam libertados da escravidão da propriedade privada.] É aqui que começa a grande tarefa revolucionária. Para libertar a tecnologia das intrigas dos interesses privados e colocar o Estado a serviço da sociedade, é preciso "expropriar os expropriadores". Só uma classe forte, interessada em sua própria libertação e oposta aos expropriadores capitalistas, pode resolver este problema. Somente em conexão com um Estado proletário a classe de técnicos qualificados pode construir uma economia realmente científica, realmente racional, isto é, uma economia socialista.

Claro, o melhor seria atingir esse objetivo de forma pacífica, gradual e democrática. Mas a ordem social, que sobreviveu a si mesma, nunca cede seu lugar ao seu sucessor sem resistência. Se a jovem e vigorosa democracia se mostrou incapaz de impedir o arroubo das riquezas e do poder por parte da plutocracia, seria possível esperar que a senil e devastada democracia se mostre capaz de reestruturar uma ordem social baseada na dominação desenfreada de 60 famílias? A teoria e a história ensinam que a substituição de uma ordem social por outra, superior, pressupõe a forma mais desenvolvida de luta de classes, ou seja, a revolução. Mesmo a escravidão nos Estados Unidos não poderia ser abolida sem uma guerra civil. "A violência é a parteira de toda velha sociedade prenha de uma nova". Ninguém ainda foi capaz de refutar Marx sobre este princípio fundamental da sociologia da sociedade de classes. Somente a revolução socialista pode abrir o caminho para o socialismo.

O marxismo nos Estados Unidos

A República da América do Norte está muito à frente de outros países em termos de tecnologia e organização da produção. Não é apenas a América, mas toda a humanidade que continuará a construir sobre essas bases. As diferentes fases do processo social em uma mesma nação, no entanto, seguem ritmos diferentes, dependendo de certas condições históricas. Embora os Estados Unidos tenham uma preponderância grandiosa no campo da tecnologia, o pensamento econômico neste país, tanto à direita quanto à esquerda, permanece extraordinariamente para trás. John L. Lewis compartilha muito dos pontos de vista de Roosevelt. Quando levada em consideração a natureza de seu cargo, [a função social] do cargo de Lewis é [incomparavelmente] mais conservadora, para não dizer reacionária, do que a de Roosevelt. Há uma tendência em certos círculos americanos de rejeitar esta ou aquela teoria revolucionária como "não americana" por uma questão de simplicidade, sem a menor crítica científica. Mas onde você pode encontrar o critério que permite distinguir o que é americano e o que não é americano?

O cristianismo foi introduzido nos estados americanos ao mesmo tempo que os logaritmos, a poesia de Shakespeare, os conceitos de direitos humanos e civis e alguns outros produtos não sem importância do pensamento humano. Hoje o marxismo está na mesma categoria.

O Secretário de Estado da Agricultura americano, H.A. Wallace, atribuiu ao autor destas linhas "uma estreiteza dogmática, extremamente antiamericana" e opõe ao "dogmatismo russo" o espírito oportunista de Jefferson, que soube negociar com o seu adversário. Aparentemente, nunca ocorreu a Wallace que uma política de compromisso não é a expressão de um espírito imaterial nacional, mas um produto das condições materiais. Uma nação cuja riqueza está crescendo rapidamente tem reservas suficientes para reconciliar as classes e as partes hostis. Se, por outro lado, as contradições sociais se intensificam, significa que a base da política de compromisso está desaparecendo. Se os americanos ignoravam a "estreiteza dogmática", era porque tinham uma grande abundância de solo virgem e fontes inesgotáveis de riqueza natural e, também, ao que parecia, a possibilidade de enriquecimento ilimitado. No entanto, mesmo nessas condições, o espírito de compromisso não impediu a guerra civil quando chegou sua hora. Em suma, as condições materiais que formam a base do "americanismo" estão agora se movendo cada vez mais para o reino do passado. Daí a grave crise das ideologias americanas tradicionais.

O pensamento empírico, limitado ao resumo das tarefas imediatas, parece ser suficiente tanto na classe trabalhadora quanto nos círculos burgueses, embora a lei do valor de Marx há muito tenha suplementado o pensamento de cada um. Mas hoje esta lei produz, ela mesma, um efeito oposto [contraditório a si]. Em vez de impulsionar a economia, ele arruína seus alicerces. O pensamento conciliador eclético, com sua posição hostil e desdenhosa contra o marxismo, que é visto como "dogma", e com sua expressão filosófica, o pragmatismo, torna-se absolutamente inadequado, cada vez mais volátil, reacionário e ridículo. Ao contrário, as ideias tradicionais do americanismo tornaram-se um dogma sem vida, petrificado, apenas gerando erros e confusão. Ao mesmo tempo, a doutrina econômica de Marx encontrou terreno favorável e, nos Estados Unidos, um terreno particularmente adequado. [Embora O capital se apoie em material internacional, preponderantemente inglês, em sua fundamentação teórica é uma análise do capitalismo puro, do capitalismo em geral, do capitalismo como tal.] Não há dúvida de que o capitalismo, que cresceu em solo virgem e sem história da América, está muito próximo do tipo ideal de capitalismo.

Para desgosto do Sr. Wallace, a América se desenvolveu economicamente não de acordo com os princípios de Jefferson, mas de acordo com as leis de Marx. Não é muito ofensivo para o orgulho nacional admitir que a América gira em torno do sol de acordo com as leis de Copérnico. [Quanto mais Marx é ignorado nos Estados Unidos, mais convincente se torna seu ensino atualmente.] *O capital* oferece um diagnóstico preciso da doença e um prognóstico insubstituível. Nessa direção, o ensino de Marx está muito mais permeado com o novo "americanismo" do que as ideias de Hoover e Roosevelt, ou de Green e Lewis.

É verdade que a literatura original dedicada às crises da economia americana é muito comum nos Estados Unidos. Enquanto os economistas pintam escrupulosamente um quadro objetivo das tendências destrutivas do capitalismo americano, os resultados de suas pesquisas aparecem como ilustrações diretas dos ensinamentos de Marx [independentemente de suas premissas teóricas, as quais são, de qualquer modo, normalmente deficitárias]. A tradição conservadora desses autores, no entanto, aparece quando eles rejeitam obstinadamente conclusões corretas, e persistentemente fogem para profecias nebulosas ou banalidades morais como: "O país deve entender que...", "A opinião pública deve considerar seriamente..." etc. Seus livros são como facas sem lâminas [ou bússolas sem agulha].

Os Estados Unidos tiveram marxistas no passado, é verdade, mas eram marxistas de um tipo peculiar, ou melhor, de três tipos. Em primeiro lugar, foram os emigrantes deslocados da Europa que fizeram o que puderam, mas não conseguiram encontrar eco. Em segundo lugar, os grupos americanos isolados, como os De Leonistas, que, com o passar do tempo e em virtude de seus próprios erros, se transformaram em seitas. Em terceiro lugar estavam os amadores que, atraídos pela Revolução de Outubro, simpatizavam com o marxismo, como uma doutrina estrangeira que nada tem a ver com os Estados Unidos. Essa era acabou. Hoje começa uma nova época, de um movimento de classe independente do proletariado e com ela a época do verdadeiro marxismo. Nesse âmbito também a América alcançará a Europa rapidamente e a ultrapassará. Sua tecnologia avançada e sua estrutura econômica avançada entrarão no campo da doutrina. Os melhores teóricos do marxismo aparecerão em solo americano. Marx se tornará o líder dos trabalhadores americanos, sua vanguarda. Para eles, o excerto do primeiro volume de *O capital* aqui apresentado é apenas o primeiro passo para um estudo completo de Marx.

O reflexo ideal do capitalismo

Na época em que o primeiro volume de *O capital* foi publicado, o domínio mundial da burguesia inglesa ainda era indiscutível. As leis abstratas da economia mercantil encontraram sua expressão mais marcante naturalmente nos países em que o capitalismo alcançou seu maior desenvolvimento, isto é, naqueles menos sujeitos às influências do passado. Por mais que Marx tenha se baseado na Inglaterra para realizar a sua análise, ele não estava apenas olhando para a Inglaterra, mas para todo o mundo capitalista. Ele considerou a Inglaterra de seu tempo como o melhor reflexo do capitalismo daquela época.

Hoje, apenas uma memória da hegemonia britânica permanece. As vantagens da primogenitura capitalista se transformaram em desvantagens. A estrutura técnica e econômica da Inglaterra tornou-se imprestável. No que diz respeito à sua posição mundial, o país continua dependente mais de seu império colonial, herança do passado, do que de seu potencial econômico ativo. [Isso explica, aliás, a caridade cristã de Chamberlain para com o gangsterismo internacional dos fascistas, que tanto surpreendeu a todos.] A burguesia inglesa não pode se desculpar; ela sabe que seu declínio econômico se tornou totalmente incompatível com sua posição no mundo e que uma nova guerra ameaça provocar a queda do Império Britânico. A base econômica do "pacifismo" na França é essencialmente da mesma natureza.

A Alemanha, por outro lado, aproveitou as vantagens de seu atraso histórico para sua rápida ascensão capitalista para dotar-se da tecnologia mais perfeita da Europa. Com apenas uma base nacional limitada e poucos recursos naturais à sua disposição, a dinâmica capitalista da Alemanha necessariamente se transformou em um fator explosivo e extraordinariamente poderoso no equilíbrio das forças mundiais. A ideologia epilética de Hitler nada mais é do que o reflexo da epilepsia do capitalismo alemão.

Além das muitas vantagens inestimáveis de seu caráter histórico, o desenvolvimento dos Estados Unidos teve a vantagem excepcional de possuir um território imensuravelmente vasto de riqueza natural incomparavelmente maior do que a Alemanha. Ultrapassando a Grã-Bretanha consideravelmente, a República da América do Norte se tornou o principal reduto da burguesia mundial no início deste século. Todas as possibilidades que o capitalismo continha encontraram sua expressão máxima neste país. Em nenhuma outra parte do nosso planeta a burguesia pode de forma alguma superar os resultados do desenvolvimento capitalista na república do dólar, que se tornou o reflexo perfeito do desenvolvimento do capitalismo no século XX.

Pelas mesmas razões que levaram Marx a basear sua apresentação nas estatísticas inglesas [relatórios parlamentares ingleses, almanaques ingleses, e assim por diante], recorremos principalmente a evidências tomadas da experiência econômica e política dos Estados Unidos em nossa humilde introdução. É inútil acrescentar que não seria difícil citar fatos e figuras análogas da vida de outros países capitalistas, quaisquer que sejam. Mas isso não acrescentaria nada substancial. As conclusões seriam as mesmas, apenas os exemplos seriam menos impressionantes.

A política [econômica] da Frente Popular na França é, como disse adequadamente um de seus financiadores, uma edição do *New Deal* "para liliputianos". É perfeitamente claro que em uma análise teórica é mais conveniente lidar com quantidades ciclópicas do que liliputianas. A própria enormidade da experiência de Roosevelt nos mostra que apenas um milagre pode salvar a ordem mundial capitalista. [Mas acontece que o desenvolvimento da produção capitalista acabou com a produção de milagres. Encantamentos e orações abundam, milagres nunca acontecem.] Além disso, é claro que se esse milagre de rejuvenescimento do capitalismo pudesse ocorrer, ele só seria possível nos Estados Unidos. Mas o rejuvenescimento não ocorre. O que é impossível para o Ciclope é ainda menos possível para os liliputianos. A justificativa para essa conclusão simples foi o assunto de nossa incursão na economia norte-americana.

Metrópoles e colônias

"O país industrialmente mais desenvolvido", escreveu Marx no prefácio da primeira edição de seu *O capital*, "mostra aos países menos desenvolvidos a imagem de seu próprio futuro". Sob nenhuma circunstância esse pensamento deve ser tomado literalmente. O crescimento das forças produtivas e o aprofundamento das contradições sociais são, sem dúvida, o destino de todos os países atrelados ao caminho do desenvolvimento burguês. As desigualdades nos "ritmos" e dimensões que se manifestam na evolução da humanidade [e que possuem basicamente seus fundamentos naturais, bem como históricos], se constituem, nesse ínterim, não somente de maneira particularmente agudas sob o capitalismo, mas têm levado ao surgimento de uma completa interdependência entre os países de diferentes tipos econômicos, que se expressam através da submissão, exploração e opressão.

Apenas uma minoria de países passou completamente pelo desenvolvimento sistemático e lógico do artesanato, passando pela manufatura à fábrica, um desenvolvimento que Marx submeteu a uma análise muito detalhada. O capital comercial, industrial e financeiro invadiu os países atrasados de fora, destruindo em parte as formas primitivas de economia natural e em parte subjugando-as ao sistema industrial e bancário do Ocidente. Sob o açoite do imperialismo, as colônias e semicolônias viram-se obrigadas a negligenciar as etapas intermediárias, a se estabelecer artificialmente em um nível ou outro. O desenvolvimento da Índia não reproduziu o desenvolvimento da Inglaterra; ele foi um suplemento daquele. Para compreender a natureza do desenvolvimento [de tipo] combinado de países atrasados e subjugados como a Índia, é sempre necessário ter em mente aquele esquema clássico que Marx estabeleceu a partir do desenvolvimento da Inglaterra. A teoria do valor [do trabalho] orienta tanto os cálculos dos especuladores de Londres quanto as operações dos cambistas nos cantos mais isolados de Bombaim, com quase a única diferença de que, neste último caso, eles assumem formas muito mais simples e menos elaboradas.

A desigualdade de desenvolvimento criou enormes vantagens para os países avançados que, embora em graus variáveis, desenvolveram-se à custa dos atrasados, explorando-os, subjugando-os na forma de colônias, ou, pelo menos, impedindo sua ascensão à aristocracia capitalista. As fortunas da Espanha, Holanda, Inglaterra e França surgiram [não apenas do trabalho excedente de seu próprio proletariado] não apenas através da [destruição] de sua própria pequena burguesia, mas também através da pilhagem sistemática de suas possessões ultramarinas. A exploração das classes foi completada e seu poder aumentou através da exploração das nações. A burguesia das metrópoles conseguiu assegurar uma posição privilegiada para seu próprio proletariado, especialmente suas camadas mais altas, por meio de parte dos lucros excedentes acumulados das colônias. Sem isso, a estabilidade dos regimes democráticos teria sido impossível. Em sua forma mais desenvolvida, a democracia é e sempre será uma forma de governo acessível apenas às nações aristocráticas e exploradoras. A democracia antiga baseava-se na escravidão, a democracia imperialista baseia-se na pilhagem das colônias.

Os Estados Unidos, que formalmente quase não têm colônias, são, no entanto, a mais privilegiada de todas as nações da história. Os imigrantes ativos que vieram da

Europa tomaram posse de um continente extraordinariamente rico, exterminando a população nativa, apoderando-se da melhor parte do México, tomando para si o filé mignon da riqueza mundial. As reservas de gordura acumuladas dessa maneira foram, mesmo agora na época da decadência, usadas continuamente para lubrificar as engrenagens e rodas da democracia.

A experiência histórica recente, bem como a análise teórica, mostram que o nível de desenvolvimento da democracia e sua estabilidade estão inversamente relacionados à profundeza dos antagonismos de classe. Nos países [capitalistas] menos privilegiados (por um lado, Rússia, por outro, Alemanha, Itália etc.), que não foram capazes de produzir uma aristocracia operária [numerosa e estável], a democracia nunca foi amplamente desenvolvida e sucumbiu às ditaduras com relativa facilidade. A contínua paralisia progressiva do capitalismo prepara o mesmo destino para as democracias das nações mais privilegiadas e ricas. A única diferença está nos prazos. O inevitável declínio das condições de vida dos trabalhadores permite à burguesia cada vez menos conceder às massas o direito de participar na vida política, mesmo dentro do quadro limitado do parlamentarismo capitalista. Todas as outras explicações desse processo aparente de destruição da democracia pelo fascismo nada mais são do que uma distorção idealística da realidade, engano ou autoengano.

Enquanto o imperialismo destrói a democracia nas antigas metrópoles capitalistas, ele impede, ao mesmo tempo, o desenvolvimento da democracia nos países atrasados. O fato de na época atual nenhuma das colônias ou semicolônias ter feito sua revolução democrática, especialmente na questão agrária, é inteiramente culpa do imperialismo, que se tornou o principal freio ao progresso econômico e político. Saqueando totalmente as riquezas naturais dos países atrasados e inibindo a liberdade do desenvolvimento de sua indústria independente, os magnatas dos *trustes* e seus governos dão aos grupos semifeudais apoio financeiro, político e militar para manter a exploração mais reacionária e parasitária dos nativos. A barbárie agrícola preservada artificialmente é também o pior flagelo da economia mundial hoje. A luta dos povos coloniais pela sua libertação, saltando as etapas intermediárias, torna-se necessariamente uma luta contra o imperialismo e, assim, apoia a luta do proletariado nas metrópoles. As revoltas e guerras coloniais minam as bases do mundo capitalista e tornam o milagre de seu renascimento menos possível do que nunca.

A economia mundial planificada

O capitalismo tem o mérito histórico duplo de levar a tecnologia a um alto nível e de ter unido todas as partes do mundo por meio do vínculo da economia. Desta forma, ele criou as condições materiais necessárias para o uso sistemático de todos os recursos do nosso planeta. No entanto, o capitalismo é incapaz de realizar essa tarefa urgente. A base de sua expansão é sempre o Estado-nação com suas fronteiras, tarifas e exércitos. No entanto, as forças produtivas há muito ultrapassaram as fronteiras do Estado-nação, transformando assim o que antes era um fator historicamente progressivo em uma restrição intolerável. As guerras imperialistas nada mais são do que a explosão das forças produtivas contra as fronteiras do Estado que se tornaram estreitas demais para elas. O programa da chamada "autarquia" nada tem a ver com voltar a uma economia autossuficiente circunscrita às próprias fronteiras. Ele apenas indica que a base nacional está se preparando para uma nova guerra.

Depois que o Tratado de Versalhes foi assinado, acreditava-se amplamente que o globo estava muito bem dividido. Todavia, os últimos eventos nos lembraram que nosso planeta ainda contém áreas que não foram saqueadas ou não foram saqueadas suficientemente. [A Itália escravizou a Abissínia. O Japão está tentando possuir a China. Cansada de esperar o retorno de suas ex-colônias, a Alemanha transformou a Tchecoslováquia em uma colônia. A Itália invadiu a Albânia. O destino da Península Balcânica está em disputa. Os Estados Unidos estão alarmados com a invasão de "forasteiros" na América Latina.] A luta pelas colônias sempre fez parte da política do capitalismo imperialista. Esta luta nunca termina. Mesmo que o mundo esteja completamente dividido, vez ou outra uma nova redistribuição, de acordo com as mudanças surgidas no equilíbrio de poder imperialista, permanece na agenda. Essa é a verdadeira razão para armamento, crises diplomáticas e preparação para a guerra hoje.

Todos os esforços para retratar a guerra que se aproxima como um choque entre as ideologias do fascismo e da democracia pertencem ao reino do charlatanismo ou da estupidez. As formas políticas mudam, os apetites capitalistas permanecem. Se amanhã um regime fascista se estabelecesse em ambos os lados do Canal da Mancha – e dificilmente alguém se atreveria a negar essa possibilidade – os ditadores de Paris e Londres seriam tão incapazes de abandonar suas possessões coloniais quanto Hitler e Mussolini de suas reivindicações coloniais. A luta insana e desesperada por uma nova redistribuição do mundo irrompe irresistivelmente da crise mortal do sistema capitalista.

As reformas parciais e os remendos não vão a lugar algum. O desenvolvimento histórico atingiu uma de suas etapas decisivas, onde somente a intervenção direta das massas é capaz de varrer os obstáculos reacionários e estabelecer as bases de uma nova ordem. O aniquilamento da propriedade privada dos meios de produção é a primeira condição de uma era de economia planejada, ou seja, a intervenção da razão no campo das relações humanas, primeiro em escala nacional e depois em escala mundial. Uma vez iniciada, a revolução social se espalhará de um país para outro com uma força infinitamente maior, muito maior do que a força com que o fascismo se espalhou. Por meio do exemplo e com a ajuda dos países avançados, os países atrasados serão também arrastados para a grande corrente do socialismo. As barreiras alfandegárias completamente podres cairão. As contradições que dividem a Europa e o mundo inteiro encontrarão a sua solução natural e pacífica no quadro dos Estados Socialistas Unidos, na Europa e noutras partes do mundo. A humanidade libertada se esforçará para atingir seu ápice mais elevado.

Coyoacan, México, 18 de abril de 1939.

I
Bens e dinheiro

1 Os bens

a) Valor de uso e valor de troca

A riqueza das sociedades em que prevalece o modo de produção capitalista surge como uma "imensa acumulação de bens", cuja unidade é o bem unitário. Nossa investigação, portanto, começa com a análise dos bens.

A mercadoria é antes de tudo um objeto externo, algo que, por meio de suas propriedades, satisfaz as necessidades humanas de uma espécie qualquer. A natureza dessas necessidades, quer surjam, por exemplo, do estômago ou da imaginação, não altera este fato em absoluto.

Qualquer coisa útil, como ferro, papel, e assim por diante, pode ser vista a partir de duas perspectivas: qualidade ou quantidade. Cada uma dessas coisas é uma unidade composta de muitas propriedades e, portanto, pode ser útil de maneiras diferentes. Descobrir essas múltiplas maneiras de usar as coisas é uma ação histórica.

A utilidade de uma coisa torna-a um valor de uso. Mas essa utilidade não paira no ar. Devido às propriedades físicas das mercadorias, a utilidade da coisa não existe independentemente da coisa. A própria mercadoria, como o ferro, o trigo ou um diamante, portanto, conquanto se trate de uma coisa material, estipula um valor de uso para alguma coisa útil.

O valor de uso só se torna concreto através do uso ou no consumo: eles formam o conteúdo material da riqueza, qualquer que seja a sua forma na sociedade. No modelo de sociedade a ser considerado por nós, eles também constituem os portadores materiais do valor de troca. O valor de troca mostra-se em primeiro lugar como a relação quantitativa, a proporção em que os valores de uso de um tipo são trocados por valores de uso de outro tipo, uma relação que muda no tempo e no espaço.

Tomemos dois produtos, por exemplo, trigo e ferro. Sua relação de troca pode sempre ser representada em uma equação em que certa quantidade de trigo é igualada a alguma quantidade de ferro. O que essa equação significa? Ela nos informa que em duas coisas diferentes existe algo comum na mesma quantidade. Portanto, as duas coisas devem ser equivalentes a uma terceira, que em si e para si mesma não é nem uma, nem outra. Cada uma das duas coisas deve, portanto, ser redutível a esta terceira, tão logo possua algum valor de troca.

Esse "algo" comum pode ser uma propriedade geométrica, química ou outra propriedade natural dos bens.

Para nós, tais propriedades só devem ser consideradas na medida em que influenciam a utilidade dos bens, ou seja, fazem com que tenham valor de uso. Porém, a troca de mercadorias é aparentemente um ato que desconsidera totalmente o valor de uso.

Se alguém desconsiderar o valor de uso dos bens, tudo o que resta é uma propriedade comum, a dos produtos do trabalho. Porém, até o produto do trabalho se transforma em nossas mãos. Não é mais uma mesa, uma casa, um fio ou qualquer outra coisa útil. Todas as suas propriedades sensuais são extintas. Não é mais o produto da carpintaria, alvenaria, fiação ou qualquer outro trabalho produtivo particular. Com as propriedades úteis dos produtos, desaparece o caráter útil dos trabalhos neles empregados, desaparecem também as formas concretas desses trabalhos. Agora tudo o que resta é aquilo que é comum a todos; todos eles são reduzidos ao mesmo tipo de trabalho, ou seja, ao trabalho humano abstrato.

Nada resta dos produtos do trabalho, exceto por uma realidade imaterial, uma mera massa amorfa de trabalho humano indiscriminado, ou seja, de esforço do trabalho humano, independentemente da forma desse esforço. Se alguém os considera como cristais desta substância social comum, então são eles: valores.

Um valor de uso ou um objeto útil possui um valor somente porque o trabalho humano abstrato é objetificado em si.

Como então medir a dimensão de seu valor? Muito simplesmente pela quantidade da "substância constituinte de valor" contida nele, pela quantidade do trabalho.

A quantidade de trabalho é, em si, estabelecida em termos de sua duração, e o tempo de trabalho encontra, por sua vez, sua escala medida em dias e horas.

O conjunto da força de trabalho da sociedade, contida na totalidade dos valores de todos os bens produzidos pela sociedade, é considerado aqui como uma massa indiscriminada da força de trabalho humana, embora consista em inúmeras forças de trabalho individuais. Cada uma dessas forças de trabalho é equivalente a outra força de trabalho humano, na medida em que possui o caráter de uma força de trabalho média na sociedade e age como tal, ou seja, na medida em que não requer, em média, mais tempo para produzir um bem do que o socialmente necessário. O tempo de trabalho socialmente necessário é o tempo de trabalho necessário para produzir qualquer valor de uso sob condições normais de produção e em determinado tempo de acordo com um grau médio de habilidade e intensidade. A introdução do tear a vapor na Inglaterra, por exemplo, reduziu pela metade o tempo de trabalho necessário para tecer uma certa quantidade de fio em tecido. O tecelão manual precisava, de fato, das mesmas horas para realizar o seu trabalho, mas o produto de sua hora de trabalho representava apenas meia hora de trabalho social e, portanto, caiu para a metade do valor anterior. Portanto, é apenas a quantidade de trabalho socialmente necessário ou o tempo de trabalho socialmente necessário que determina a dimensão de seu valor. Os bens individuais são considerados aqui como um exemplar médio de seu tipo.

O valor de uma mercadoria está relacionado ao valor de todas as outras mercadorias, visto que o tempo de trabalho necessário para produzir uma mercadoria está relacionado ao tempo de trabalho necessário para produzir a outra. De um modo geral, quanto maior a produtividade do trabalho, menor o tempo de trabalho necessário para produzir um artigo, menor a quantidade de trabalho nele cristalizado e menor o seu valor. Inversamente, quanto menor a produtividade do trabalho, maior o tempo de trabalho necessário para produzir um artigo e maior seu valor. O valor de uma mercadoria ou bem muda, portanto, diretamente em relação à quantidade e inversamente em relação à produtividade do trabalho que nela está contido.

Uma coisa pode ter valor de uso sem ter valor. Este é o caso quando seus benefícios para os humanos não vêm do trabalho, por exemplo, o ar, o solo virgem, os prados naturais, e assim por diante. Uma coisa pode ser útil e produto do trabalho humano sem, contudo, ser uma mercadoria ou um bem. Aqueles que satisfazem suas necessidades diretamente por meio do produto de seu trabalho criam valores de uso, mas não mercadorias ou bens. Para produzir mercadorias ou bens, ele deve produzir não apenas valor de uso, mas também valor de uso para os outros, ou seja, valor de uso social. Por fim, nada pode ter valor sem ser objeto de uso. Se a coisa é inútil, o trabalho que contém também é inútil; o trabalho então não conta como trabalho e, portanto, não produz nenhum valor.

b) O caráter dual da obra representada na mercadoria

Tomemos por exemplo duas mercadorias, digamos uma saia e dez metros de tecido de linho. O primeiro, diz--se, deve ter o dobro do valor de dez metros de linho. Portanto, se dez côvados de tecido de linho = W, a saia = 2W.

A saia é um valor de uso que satisfaz uma necessidade especial. É necessário um tipo especial de atividade produtiva para que ela exista. Esta é determinada por seu propósito, modo de operação, seu objeto, seu meio e seu resultado. O trabalho, cuja utilidade é representada desse modo no valor de uso de seu produto, ou no fato de que seu produto é um valor de uso, é denominado "trabalho útil". Neste contexto, levamos em consideração apenas a sua utilidade.

Assim como a saia e o tecido de linho são valores de uso qualitativamente diferentes, os dois tipos de trabalho que os produzem são igualmente diferentes: a saber, a alfaiataria e a tecelagem. À totalidade dos vários valores de uso corresponde uma totalidade de tipos de trabalho igualmente diversos, uma divisão social do trabalho. Essa divisão do trabalho é uma condição necessária para a produção de bens e mercadorias, mas, inversamente, isso não quer dizer que a produção de mercadorias seja uma condição necessária para a divisão do trabalho.

Em uma sociedade cujos produtos geralmente assumem a forma de mercadorias, isto é, em uma sociedade de produtores de mercadorias, esta diferença qualitativa nas formas úteis de trabalho, que são realizadas independentemente umas das outras pelos produtores individuais por conta própria, transforma-se em um sistema multifacetado, em uma divisão social do trabalho...

Os valores de uso da saia, do tecido de linho, e assim por diante, ou seja, os corpos das mercadorias, são uma combinação de dois elementos – a matéria-prima e o trabalho. O ser humano só pode agir como a própria natureza, ele só pode mudar a forma da matéria. Nesse trabalho de transformação, ele é constantemente sustentado por forças naturais. Portanto, o trabalho não é a única fonte dos valores de uso por ele produzidos. O trabalho é seu pai e o planeta Terra sua mãe.

Passemos agora da mercadoria como objeto de uso para o valor das mercadorias. De acordo com nossa suposição, a saia tem o dobro do valor do tecido de linho. Mas esta é apenas uma diferença quantitativa, que no momento ainda não nos interessa. Lembramos, entretanto, que se o valor de uma saia é duas vezes o valor de dez côvados de tecido de linho, então vinte côvados de tecido de linho devem possuir o mesmo valor de uma saia. Enquanto valores, a saia e o tecido de linho são coisas da mesma substância, expressões objetivas de trabalho semelhante. Mas a alfaiataria e a tecelagem são tipos de trabalho qualitativamente diferentes. No entanto, ambos são esforços produtivos de cérebros, nervos e músculos humanos e, nesse sentido, são trabalho humano. Existem apenas duas formas diferentes de trabalho humano a serem despendidas. Mas o valor de um trabalho representa o trabalho humano em geral, o esforço do trabalho humano em geral.

O trabalho médio simples certamente muda seu caráter em diferentes países e épocas culturais, mas ele existe em uma sociedade em específico. O trabalho aprendido conta apenas como trabalho simples exponenciado, ou melhor, multiplicado, de modo que uma quantidade menor de trabalho aprendido é considerada igual a uma quantidade maior de trabalho simples.

Assim como abstraímos seus diferentes valores de uso quando consideramos a saia e o tecido de linho como valores, o mesmo ocorre com o trabalho, o qual é representado por esses valores: ignoramos a diferença entre suas formas úteis, ou seja, a alfaiataria e a tecelagem. Assim como os valores de uso "saia" e "tecido de linho" são combinações de atividades produtivas específicas com tecido e linha, enquanto os valores "saia" e "tecido de linho", por outro lado, são meras massas amorfas de trabalho da mesma espécie, também o trabalho contido nesses valores não se deve à sua relação produtiva com o tecido e a linha, mas apenas como um esforço de trabalho humano.

Mas a saia e o tecido de linho não são apenas valores em geral, mas valores de uma determinada dimensão. De acordo com nossa suposição, a saia vale o dobro de 10 côvados de tecido de linho. De onde vem essa diferença em seus valores? Ela deriva do fato de o tecido de linho conter apenas metade do trabalho em comparação com a saia, de modo que, para a produção da saia, foi necessário empregar o dobro de tempo de mão de obra em relação ao despendido na produção do tecido de linho.

Uma maior quantidade de valor de uso significa um aumento na riqueza material. Duas pessoas podem se vestir com duas saias; com uma saia, apenas uma pessoa. No entanto, uma quantidade crescente de riqueza material pode corresponder a uma diminuição simultânea na grandeza de seu valor.

Esse movimento oposto surge do duplo caráter do trabalho. Por um lado, todo trabalho é o esforço do trabalho humano no sentido fisiológico e, nessa propriedade do trabalho humano abstrato, ele forma o valor dos bens. Por outro lado, todo trabalho é o dispêndio de trabalho humano de uma forma especial e proposital, e, nessa qualidade de trabalho útil concreto, ele produz valores de uso.

As mercadorias vêm ao mundo na forma de valores de uso ou bens. Esta é sua forma física simples e caseira. No entanto, são apenas mercadorias porque representam algo duplo, ou seja, um objeto de uso e ao mesmo tempo um portador de valor. Portanto, eles aparecem apenas como mercadorias ou apenas têm a forma de mercadorias se tiverem uma forma dupla, a saber, uma forma natural e uma forma de valor.

Quando dizemos que as mercadorias, vistas como valores, são mera massa amorfa do trabalho humano, nós as reduzimos, por meio de nossa análise, à abstração do valor; mas não atribuímos qualquer forma a esse valor, exceto sua forma física. É diferente com a relação de valor de uma mercadoria para outra. Seu caráter de valor emerge aqui por meio de seu relacionamento com a outra mercadoria.

A relação de valor mais simples é obviamente a de uma mercadoria com qualquer outra mercadoria. A relação de valor de duas mercadorias nos dá a expressão mais simples de valor para uma única mercadoria.

c) A forma do valor ou o valor de troca

Vinte côvados de linho são iguais a uma saia ou: vinte côvados de tecido de linho valem o mesmo que uma saia. Todo o segredo da forma do valor reside nesta forma elementar. Sua análise, portanto, apresenta a real dificuldade.

Aparentemente, dois tipos diferentes de mercadorias (em nosso exemplo, o tecido de linho e a saia) desempenham dois papéis diferentes. O tecido de linho expressa seu valor na saia; a saia serve de material para essa expressão de valor. A primeira mercadoria desempenha um papel ativo, a segunda, um papel passivo. O valor do tecido de linho é apresentado como um valor relativo ou aparece de forma relativa. A saia funciona como um equivalente ou aparece de forma equivalente.

A forma relativa do valor e a forma equivalente são elementos mutuamente pertencentes, mutuamente dependentes e inseparáveis da expressão do valor, mas, ao mesmo tempo, mutuamente excludentes, extremos opostos, ou seja, polos da mesma expressão de valor. Eles são distribuídos entre as várias mercadorias que se relacionam entre si por meio dessa expressão de valor.

Se uma mercadoria está em uma forma de valor relativa ou na forma equivalente oposta depende exclusivamente de sua posição na expressão do valor, ou seja, se é a mercadoria em que o valor é expresso.

Quando a saia assume a posição de equivalente na equação de valor, ela é qualitativamente igual ao tecido de linho, uma coisa do mesmo tipo, porque ela é um valor. Neste contexto, ela é uma coisa em que nada vemos senão valor, ou é algo cuja forma corporal tangível representa valor. Na produção da saia, porém, é preciso empregar a força do trabalho humano na forma de alfaiataria. Consequentemente, a força do trabalho humano é acumulada nele. Neste lado da equação, a saia é "portadora de valor", embora neste lado não observe sua própria característica em virtude de sua natureza mais desgastada. Como equivalente do tecido de linho na equação do valor, a saia só existe neste lado e, portanto, conta como valor corporificado, como um corpo que representa valor. Na relação de valor em que a saia equivale ao tecido de linho, a saia é considerada uma forma de valor. O valor do tecido de linho como mercadoria é, portanto, expresso na forma física da mercadoria saia, o valor de uma mercadoria no valor de uso da outra.

Tudo o que a análise do valor das mercadorias nos disse de antemão é dito pelo próprio tecido de linho, assim que entra em contato com a outra mercadoria, com a saia. Esta trai seus pensamentos, todavia, somente na linguagem com a qual é a única, a linguagem das mercadorias. Para afirmar que o seu próprio valor é formado pelo trabalho na qualidade abstrata do trabalho humano, ela ateste que a saia, na medida em que vale tanto quanto o tecido de linho, ou seja, possui valor, consiste no mesmo trabalho que o tecido de linho. Para dizer que sua existência sublime difere em valor de seu corpo enrijecido, ela diz que o valor se parece com uma saia e, portanto, conquanto um tecido de linho tenha valor, ele e a saia se assemelham como um ovo ao outro.

A equação: "vinte côvados de tecido de linho = uma saia ou vinte côvados de tecido de linho valem uma saia", assume que ambos contêm a mesma substância de valor (trabalho impregnado), que as duas mercadorias custaram a mesma quantidade de trabalho ou as mesmas horas trabalhadas. O tempo de trabalho necessário para produzir vinte côvados de tecido de linho ou uma saia muda, todavia, a cada mudança na produtividade da tecelagem ou alfaiataria. A influência de tal mudança na expressão de valor relativo deve ser examinada a partir desse ponto:

I – O valor do tecido de linho muda enquanto o valor da saia permanece constante.

II – O valor do tecido de linho permanece constante enquanto o valor da saia muda.

III – A quantidade de tempo de trabalho necessária para produzir o tecido de linho e a saia se altera simultaneamente na mesma direção e na mesma proporção.

IV – O tempo de trabalho necessário à produção do tecido de linho e da saia, e, portanto, seus valores correspondentes, muda simultaneamente na mesma direção, mas em proporções desiguais, ou em direções opostas, ou de alguma outra forma.

O valor relativo de uma mercadoria pode mudar, embora seu valor permaneça constante. Seu valor relativo pode permanecer constante, embora seu valor mude e, finalmente, mudanças simultâneas na magnitude do valor e na expressão relativa dessa magnitude não precisam coincidir de forma alguma.

Quando nós afirmamos que uma mercadoria serve como equivalente, estamos expressando o fato de que ela é diretamente intercambiável com outras mercadorias.

A primeira peculiaridade que surge ao considerar a forma equivalente é a seguinte: O valor de uso passa a ser a manifestação de seu oposto, o valor. A forma física das mercadorias torna-se a forma de valor. A segunda peculiaridade da forma equivalente consiste em que o trabalho concreto se torna a manifestação de seu oposto, o trabalho humano abstrato.

A oposição interna de valor de uso e de valor que existe em cada mercadoria é representada pela relação entre duas mercadorias. Nesta relação, a mercadoria, cujo valor deve ser expresso, torna-se imediatamente apenas um valor de uso, enquanto a outra mercadoria, na qual o valor deve ser expresso, é considerada um mero valor de troca. A forma simples de valor de uma mercadoria é, portanto, a aparência simples da oposição entre o valor de uso e o valor contido na mercadoria.

Enquanto isso, a forma simples do valor se transforma facilmente em uma forma mais complexa. Dependendo da forma como ela é disposta em relação a uma ou outra mercadoria, recebemos diferentes expressões simples de valor para uma e a mesma mercadoria. O número possível de tais expressões de valor é limitado unicamente pelo número de diferentes tipos de bens em relação a esta mercadoria. A expressão isolada do valor de uma mercadoria pode, portanto, ser transformada em uma série arbitrariamente extensível de diferentes expressões simples de valor.

Por sua forma de valor, o tecido de linho não está mais socialmente relacionado a um único outro tipo de mercadoria, mas ao universo de todas as mercadorias. Como mercadoria, ele é um cidadão deste mundo. Ao mesmo tempo, decorre dessa série infinita de equações de valor que é irrelevante para o valor de uma mercadoria em que forma particular de valor de uso esta mercadoria aparece.

Na primeira forma: "vinte côvados de linho = uma saia", pode por acaso acontecer que estas duas mercadorias sejam permutáveis em certa proporção. Na segunda forma: "vinte côvados de linho = uma saia ou dez libras de chá ou duas onças de ouro", e assim por diante, há um mosaico multicolorido de expressões de valor díspares e independentes. Se, finalmente, como deve ser o caso, o valor relativo de cada mercadoria é expresso nessa forma expandida, obtemos uma forma de valor relativo para cada mercadoria, que é diferente em cada caso e consiste em uma série infinita de expressões de valor.

A insuficiência da forma relativa estendida de valor se reflete na forma equivalente correspondente. A relação aleatória entre dois proprietários individuais de mercadorias não se aplica mais. Torna-se evidente que não é a troca que determina a dimensão do valor da mercadoria, mas, inversamente, a dimensão do valor que controla suas relações de troca.

Se alguém troca seu tecido de linho por muitas outras mercadorias e, assim, expressa seu valor em uma série de outras mercadorias, então os outros proprietários de mercadorias devem necessariamente trocar seus produtos por tecidos de linho. Obtemos, com isso, uma forma geral de valor:

	= 20 côvados de tecido de linho
	= 10 libras de chá
	= 40 libras de café
1 saia	= 1 quarter[8] de trigo
	= 2 onças de ouro
	= 1/2 tonelada de ferro
	= X mercadorias A
	= assim por diante

Como consequência, temos: primeiramente, todas as mercadorias representam seu valor de uma forma simples, porque baseadas em uma única mercadoria; em seguida, elas representam seu valor uniformemente, porque em relação a um mesmo produto.

O valor de cada mercadoria não mais é distinto pelo seu próprio valor de uso, mas, porque foi equiparado ao tecido de linho, é diferente de todo valor de uso. Ele é distinto exatamente pela expressão daquilo que é comum a todas as mercadorias. Somente por meio dessa forma as mercadorias realmente se relacionam como valores e aparecem como valores de troca.

A forma geral do valor, que representa os produtos do trabalho como mera massa amorfa do trabalho humano indiscriminado, mostra precisamente por meio de sua estrutura que é a expressão social do universo dos bens e mercadorias. Como resultado, essa forma

---

8. Um quarter é uma medida de peso do sistema comumente chamado de imperial e corresponde a 28 libras *avoirdupois* ou 12,7kg.

revela que, no universo dos bens e das mercadorias, o caráter humano geral do trabalho forma seu caráter especificamente social.

O grau de desenvolvimento da forma relativa do valor corresponde ao grau de desenvolvimento da forma equivalente. No entanto, devemos notar que o desenvolvimento da forma equivalente é apenas a expressão e o resultado do desenvolvimento da forma de valor relativo. A forma relativa original de valor de uma mercadoria transforma outra mercadoria em um equivalente isolado.

A forma expandida do valor relativo, que é a expressão do valor de uma mercadoria em todas as outras mercadorias, dá a essas outras mercadorias o caráter de vários equivalentes singulares. Em última análise, um determinado tipo de mercadoria assume o caráter de um equivalente geral, porque todas as outras mercadorias fazem dele o material com o qual expressam uniformemente seu valor.

Uma única mercadoria, o tecido de linho, parece, portanto, ter adquirido o caráter de intercambialidade direta com todas as outras mercadorias, em virtude de e na medida em que esse caráter é negado a qualquer outra mercadoria. Por outro lado, a mercadoria que figura como um equivalente geral é excluída da forma de valor relativo do universo das mercadorias.

A mercadoria singular, com cuja forma física a forma equivalente se torna socialmente idêntica, torna-se uma mercadoria-dinheiro ou serve como moeda. Isso se torna sua função especificamente social e, portanto, seu monopólio social, a saber, desempenhar o papel de equivalente geral no universo das mercadorias. Uma mercadoria singular conquistou este lugar de preferência: o ouro. A nós chegou a forma monetária:

20 côvados de tecido de linho	= 2 onças de ouro
1 saia	= 2 onças de ouro
10 libras de chá	= 2 onças de ouro
40 libras de café	= 2 onças de ouro
1 quarter de trigo	= 2 onças de ouro
1/2 tonelada de ferro	= 2 onças de ouro
X mercadorias A	= 2 onças de ouro

Comparado com todas as outras mercadorias, o ouro é dinheiro somente pelo fato de ter sido anteriormente comparado a elas na qualidade de uma mercadoria simples. Como todos os demais bens e mercadorias, também ele servia como equivalente, seja como equivalente simples em atos de troca isolados, seja como equivalente especial paralelamente a outros. Aos poucos, passou a servir de equivalente geral em círculos menores ou maiores. Assim que conquistou o monopólio desta posição na expressão do valor do universo das mercadorias, tornou-se uma mercadoria-dinheiro, e somente a partir deste momento a forma geral do valor se transformou na forma de moeda.

d) O caráter fetichista dos bens e seu segredo

À primeira vista, uma mercadoria parece uma coisa axiomática e trivial. Sua análise mostra que é uma coisa muito complicada, cheia de sutilezas metafísicas e peculiaridades teológicas. Conquanto a mercadoria se apresente como valor de uso, não há nada de misterioso na nela. É bastante claro que o ser humano muda por meio de sua atividade as formas das substâncias oferecidas pela natureza de uma maneira que lhe é útil. A forma da madeira é alterada, por exemplo, quando uma mesa é feita a partir dela. Mesmo assim, a mesa continua aquela madeira comum, costumeira. Todavia, assim que aparece como uma mercadoria, ela se transforma em algo supersensível. Ela não apenas fica com os pés no chão, mas fica de pernas para o ar diante de todas as outras mercadorias, e desenvolve em sua cabeça de madeira ideias maravilhosas, algo muito mais estranho do que se ela começasse a dançar por sua própria vontade.

O caráter místico dos bens e mercadorias não decorre de seu valor de uso. Igualmente, não decorre da natureza dos fatores determinantes do valor. De onde vem o caráter enigmático do produto do trabalho assim que ele assume a forma de mercadoria? Aparentemente, de sua própria forma.

O misterioso da forma "mercadoria" consiste simplesmente no fato de que nela o caráter social de seu próprio trabalho aparece para as pessoas como o caráter material dos próprios produtos de trabalho, como uma propriedade natural deles. A relação social dos produtores com a completude do trabalho aparece para eles como uma relação de objetos.

Não se trata, contudo, de uma relação física entre as coisas. A forma de mercadoria e a relação de valor dos produtos do trabalho, em que ela é representada, não têm absolutamente nada a ver com a natureza física dos produtos e as relações materiais que deles decorrem. É tão somente a relação social específica das próprias pessoas que aqui assume em seu lugar a forma fantasmagórica de uma relação entre as coisas.

A fim de encontrar a partir disso uma analogia, temos que nos refugiar na região nebulosa do mundo religioso. Aqui, os produtos da mente humana aparecem como figuras independentes, dotadas de vida própria e em relação umas com as outras e com os humanos. Assim ocorre no universo dos bens e mercadorias, os produtos da mão humana. É o que chamo de fetichismo, o qual se apega aos produtos do trabalho tão logo são produzidos como mercadorias, e que, portanto, é inseparável da produção de mercadorias.

Esse fetichismo das mercadorias decorre do caráter social peculiar do trabalho que produz mercadorias. Objetos de uso só se tornam mercadorias porque são produtos de trabalho independente realizado por indivíduos singulares ou grupos. O conjunto desses trabalhos singulares constitui o trabalho social total. Uma vez que os produtores só entram em contato social uns com os outros por meio da troca de seus produtos, o caráter especificamente social do trabalho de cada produtor individual só se torna aparente no ato de troca. Em outras palavras, o trabalho do indivíduo entra em jogo como parte do trabalho social apenas por meio da relação que o ato de troca estabelece diretamente entre os produtos e indiretamente entre os produtores. Para estes últimos, portanto, as relações em seus trabalhos privados não parecem ser relações sociais diretas das próprias pessoas em seu trabalho, mas antes relações factuais entre pessoas e relações sociais entre coisas.

É somente quando são trocados que os produtos do trabalho adquirem uma posição socialmente igual como valores, separados de suas várias formas de existência como objetos de uso diário. A partir desse momento, o trabalho do produtor individual assume um duplo caráter social. Por um lado, como certo trabalho útil, ele deve satisfazer uma certa necessidade social e, assim, provar-se como parte do trabalho total dentro da divisão social do trabalho. Por outro lado, o trabalho só pode satisfazer as necessidades múltiplas do próprio produtor individual desde que a permutabilidade mútua de todo trabalho privado útil seja um fato social existente e, portanto, o trabalho privado útil seja semelhante ao de todos os outros.

O cérebro do indivíduo reflete este caráter social duplo de seu trabalho privado nas formas que aparecem nas relações diárias, na troca de produtos – o caráter socialmente útil de seu trabalho privado, isto é, na forma em que o produto do trabalho deve ser útil, a saber para outros indivíduos – o caráter social da igualdade de diferentes tipos de trabalho na forma do caráter de valor comum dessas coisas materialmente diferentes, os produtos de trabalho.

Portanto, quando as pessoas relacionam uns com os outros os produtos de trabalho como valores, isso não acontece porque elas veem nessas coisas invólucros materiais de trabalho humano semelhante. Inversamente: se, na ação de troca, eles igualam diferentes produtos como valores, eles igualam os vários tipos diferentes de trabalho que contêm como um único trabalho humano. As pessoas não o sabem conscientemente, mas elas de fato fazem isso. Na testa do valor não se encontra gravado o que ele é. Em vez disso, o valor transforma cada produto em um hieróglifo social. Mais tarde, as pessoas procuram decifrar esse hieróglifo, a fim de descobrir o segredo por trás de seu próprio produto social; pois converter um objeto de uso em valor é tanto um produto social quanto a própria linguagem. A descoberta científica mais recente de que os produtos do trabalho, na medida em que são valores, são meramente expressões materializadas do trabalho humano despendido em sua produção, de fato marca uma época na história do desenvolvimento humano, mas de forma alguma dissipa a névoa através da qual transparece o caráter social do trabalho como o caráter objetivo dos próprios produtos.

Quando digo que saia ou bota se referem ao tecido de linho porque ambos são a personificação do trabalho humano abstrato, o absurdo dessa afirmação salta aos olhos. Mas quando os produtores de saias e botas comparam esses bens com o tecido de linho, ou, o que não muda a essência da proposição, com o ouro ou a prata como equivalente geral, eles expressam a relação entre seu trabalho privado e o trabalho social total da mesma forma absurda. Essas formas constituem as categorias da economia burguesa. São formas de pensamento sociais que expressam as condições e relações de um modo de produção histórico específico, a saber, a produção de bens e mercadorias. Todo o misticismo do universo das mercadorias, toda a magia e toda assombração que envolvem os produtos do trabalho, enquanto eles assumem a forma de mercadoria, desaparecem assim que chegamos a outras formas de produção.

Se as mercadorias fossem capazes de falar, elas diriam: as pessoas podem estar interessadas em nosso valor de uso. Não faz parte de nós como objeto. Mas o que nos pertence como objeto é nosso valor. Nosso comércio como mercadorias prova isso. Nós circulamos entre nós mesmos somente como valores de troca. É uma circunstância peculiar que o valor de uso das coisas entre si se torne real sem as trocas, por meio de uma relação direta entre as coisas e o ser humano, enquanto seu valor venha à tona apenas por meio da troca, ou seja, por meio de um processo social.

2 O processo de troca

As mercadorias não podem ir ao mercado por si mesmas assim como não podem trocar-se a si mesmas. Portanto, temos que procurar seus guardiões, os donos das mercadorias. Os bens ou mercadorias são coisas e, portanto, não podem resistir às pessoas. Se as mercadorias se opuserem, o ser humano pode usar a força, ou seja, pode se apossar deles. A fim de relacionar essas coisas umas com as outras como mercadorias, os próprios guardiões, como pessoas cuja vontade habita nessas coisas, têm de se relacionar entre si de modo que nenhum se aproprie das mercadorias do outro ou se separe das suas, a menos que por meios de um ato de vontade comum a ambos. Portanto, eles precisam se reconhecer mutuamente como proprietários privados das coisas.

Esta relação jurídica, cuja forma é o contrato – quer este contrato seja parte de um sistema legalmente desenvolvido ou não –, representa uma relação de vontade, na qual apenas se reflete a verdadeira relação econômica. Essa relação econômica determina o conteúdo de qualquer relação jurídica desse tipo. As pessoas existem aqui apenas umas para as outras como representantes de bens e mercadorias e, portanto, como proprietários desses bens e mercadorias. Os personagens que aparecem no cenário econômico nada mais são do que personificações das relações econômicas, que existem entre eles.

Para o proprietário, a mercadoria não tem valor de uso imediato, caso contrário ele não a colocaria no mercado. Ela possui valor de uso para outros. Para si mesmo a mercadoria só tem o valor de uso de ser uma "portadora de valor de troca" e, consequentemente, um meio de troca. É por isso que ele quer vendê-los em troca de mercadorias cujo valor de uso seja útil para ele. Todas as mercadorias são valores de não uso para seus proprietários e valores de uso para seus não proprietários. Como resultado, elas precisam trocar as mãos por todos os lados. Mas essa troca de mãos forma sua inter--relação e isso as aproxima umas das outras como valores e as torna reais como valores. As mercadorias e bens precisam, portanto, tornar-se valores antes que possam se tornar valores de uso. Por outro lado, elas precisam demonstrar que são valores de uso antes que possam assumir um caráter real como valores. Pois o trabalho despendido para que surgissem só tem valia se for despendido de uma forma útil para os outros. Se o seu trabalho é útil para os outros e seu produto, portanto, capaz de satisfazer as necessidades de outras pessoas, somente pode ser comprovado por meio do ato de troca. Todo proprietário de bens ou mercadorias deseja somente vender seus bens e mercadorias por outros bens e mercadorias cujo valor de uso atenda às suas necessidades. A partir dessa perspectiva, a troca é para ele apenas um processo privado. Por outro lado, ele deseja tornar real o valor de sua mercadoria e transformá-la em alguma outra mercadoria de igual valor. Desse ponto de vista, a troca é para ele um processo social geral. Mas o mesmo processo não pode ser para todos os proprietários de bens e mercadorias ao mesmo tempo exclusivamente privado e socialmente generalizado.

A troca de bens começou primeiro nos limites das comunidades, nos seus pontos de contato com outras comunidades semelhantes ou membros destas últimas. No entanto, assim que os produtos se tornam mercadorias nas relações externas de uma comunidade, eles sofrem igualmente um impacto retroalimentado no tráfego interno. Inicialmente, sua relação de troca é totalmente aleatória. Enquanto isso, a necessidade de objetos do cotidiano estrangeiros à comunidade se estabelece gradualmente. A repetição constante torna este um processo social normal. No decorrer do tempo, portanto, pelo menos uma parte dos produtos de trabalho deve ser produzida com a finalidade de troca. A partir desse momento, a distinção entre a utilidade de um objeto para a necessidade imediata e sua utilidade para a troca torna-se mais marcante. Seu valor de uso se distancia de seu valor de troca. Por outro lado, a relação quantitativa em que as coisas são intercambiáveis torna-se dependente de sua própria produção. O hábito os fixa como grandezas de valor determinadas.

Na troca direta de produtos, toda mercadoria é um meio direto de troca para seu dono e um equivalente para todas as outras pessoas, mas somente na medida em que apresenta valor de uso para essas outras pessoas. Nesta fase, os artigos de troca ainda não recebem uma forma de valor independente do seu próprio valor de uso. A necessidade de uma forma de valor aumenta com o aumento do número e da variedade de bens e mercadorias trocados. O problema surge simultaneamente com os meios para a sua solução. Quando um artigo particular se torna equivalente para várias outras mercadorias, ele imediatamente, embora dentro de limites estreitos, recebe uma forma social equivalente geral. Essa forma surge e desaparece com os processos sociais imediatos que deram origem a ela. Alternada e fugazmente, ela se aproxima desta ou daquela mercadoria. Em que tipo específico de mercadoria ela se adere é inicialmente obra do acaso. No entanto, a influência de duas circunstâncias é crucial. A forma de dinheiro se apega ou ao item de troca mais importante do exterior ou ao objeto de uso que, como por exemplo o gado, forma o principal elemento da riqueza doméstica alienável. O ser humano muitas vezes fez do próprio ser humano, na forma de escravos, a moeda primeva, mas nunca o talhão ou a terra. Tal ideia só pôde surgir em uma sociedade burguesa já formada.

O dinheiro é uma forma cristalizada que surgiu por necessidade no processo de troca, por meio do qual vários produtos do trabalho foram equacionados de maneira prática e, portanto, convertidos em mercadorias através da práxis. Uma determinada mercadoria é transformada em dinheiro na mesma proporção em que ocorre a transformação dos produtos do trabalho em mercadorias.

A manifestação adequada de valor ou a corporificação do trabalho abstrato e, portanto, equivalente, pode ser somente um material, cujas cópias em sua totalidade possuem a mesma qualidade uniforme. Por outro lado, uma vez que a diferença de valores é puramente quantitativa, a mercadoria monetária deve ser capaz de diferenças puramente quantitativas, ou seja, deve ser divisível e apta a ser recomposta arbitrariamente. O ouro e a prata têm naturalmente essas propriedades.

A forma monetária é apenas o reflexo, atrelado a uma mercadoria, das relações de valor de todas as outras mercadorias. Que o dinheiro é uma mercadoria, portanto, trata-se apenas uma descoberta para quem parte de sua forma desenvolvida para depois analisá-la. O processo de troca não dá à mercadoria convertida em dinheiro o seu valor, mas sua forma especial de valor. A confusão dessas duas determinações diferentes levou a pensar que o valor do ouro e da prata são imaginários. Porque o dinheiro pode ser substituído em certas funções por meros sinais de si mesmo, surgiu o outro erro, de que não passa de um mero sinal.

Como qualquer outra mercadoria, o dinheiro só pode expressar seu próprio valor relativamente em outras mercadorias. Esse valor é determinado pelo tempo de trabalho necessário para sua produção e expresso na quantidade de todas as outras mercadorias que custam exatamente o mesmo tempo de trabalho. Quando entra em circulação como dinheiro, seu valor já foi dado.

O ouro não parece se tornar dinheiro inicialmente porque todas as outras mercadorias expressam seu valor nele, mas todas as mercadorias, ao contrário, parecem expressar seu valor em ouro porque ele é dinheiro. O movimento mediador desaparece no próprio resultado e não deixa rastros. Sem fazerem nada a si mesmos, os bens encontram seu próprio valor antecipadamente definido como um conjunto de bens existentes em seu entorno. Essas coisas, o ouro e a prata, conforme vêm de dentro da terra, são de agora em diante a corporificação de todo o trabalho humano. Daí a magia do dinheiro. O enigma do fetiche do dinheiro é, portanto, apenas o enigma cegante do fetiche da mercadoria que se tornou visível.

3 O dinheiro ou a circulação de mercadorias

a) A medida de valores

A primeira função do dinheiro consiste em fornecer ao universo das mercadorias o material para sua expressão de valor ou em apresentar os valores das mercadorias como dimensões qualitativamente iguais e quantitativamente comparáveis com o mesmo nome. Portanto, ele serve como uma medida geral de valores. E somente por meio dessa função o ouro, a mercadoria equivalente específica, torna-se dinheiro.

Os bens não se tornam comensuráveis por meio do dinheiro. Pelo contrário: como todas as mercadorias são trabalho humano objetivado como valores e, portanto, são comensuráveis, seus valores podem ser medidos na mesma mercadoria específica e estas podem ser convertidas novamente em sua medida comum de valor, ou seja, dinheiro. O dinheiro como medida de valor é a manifestação necessária da medida imanente do valor dos bens e mercadorias, do tempo de trabalho.

A expressão do valor de uma mercadoria em ouro é sua forma de dinheiro ou seu preço. O preço das mercadorias, como sua forma de valor em geral, é uma forma puramente ideal ou imaginária que se diferencia de sua forma física tangível. Seu proprietário deve, portanto, emprestar-lhes sua língua ou pendurar-lhes um pedaço de papel em seu redor para comunicar seus preços ao mundo exterior. Todo comerciante sabe que não precisa do menor pedaço de ouro para avaliar em ouro milhões de libras em mercadorias.

Se o ouro e a prata servirem como medida de valor ao mesmo tempo, todos os bens e mercadorias terão duas expressões de preço – o preço em ouro e o preço em prata. Esses preços coexistem enquanto a relação de valor da prata e do ouro permanecer inalterada.

Os valores das mercadorias são transformados, em sua apresentação, em muitas quantidades diferentes de ouro. Apesar da diversidade confusa dos próprios produtos, seus valores se tornam as dimensões de mesmo nome, dimensões de ouro. Como tais quantidades diferentes de ouro, elas podem ser comparadas e medidas umas com as outras, e surge a necessidade técnica de relacioná-las a uma quantidade fixa de ouro como sua unidade de medida. Esta unidade de medida é desenvolvida em um padrão através da divisão adicional em alíquotas. Antes de sua avaliação monetária, o ouro, a prata e o cobre já possuem esses padrões em seu peso.

Como medida de valores e escala de preços, o dinheiro desempenha duas funções completamente diferentes. Ele é a medida dos valores na medida em que é a corporificação socialmente reconhecida do trabalho humano, e a escala dos preços na medida em que é um peso fixo de metal. Como medida de valor, ele serve para transformar os valores das várias mercadorias em preços, em quantidades imaginárias de ouro; como escala de preços, ele mede essas quantidades de ouro. A medida de valor mede os bens vistos como valores; a escala de preços, por outro lado, mede as quantidades de ouro com uma unidade de quantidade de ouro e não o valor de uma quantidade de ouro com o peso das outras quantidades. Para fazer do ouro o padrão de referência dos preços, um determinado peso do ouro deve ser fixado como unidade de medida. Quanto mais imutável for esta unidade, melhor a escala de preços cumpre sua função.

Assim como o valor do ouro muda, a proporção do valor das diferentes quantidades de metal sempre permanece constante: doze onças de ouro são doze vezes mais valiosas do que uma onça de ouro.

Os preços dos bens e mercadorias podem subir de forma generalizada somente – com o valor do dinheiro permanecendo o mesmo – quando os valores dos bens e mercadorias aumentam ou – com os valores dos bens permanecendo os mesmos – quando o valor do dinheiro cai. Por outro lado, os preços das mercadorias podem cair de forma generalizada somente – com o valor do dinheiro permanecendo o mesmo – quando os valores dos bens caem ou – com os valores dos bens permanecendo os mesmos – quando o valor do dinheiro aumenta. Portanto, de modo algum se pode concluir que um aumento no valor do dinheiro condicione uma diminuição proporcional no preço dos bens e mercadorias, ou uma diminuição no valor do dinheiro condicione um aumento proporcional no preço dos bens e mercadorias. Isso se aplica apenas a mercadorias cujo valor permanece inalterado. Os bens e mercadorias, por exemplo, cujo valor aumenta uniformemente e concomitantemente com o valor do dinheiro, mantêm os preços inalterados.

Aos poucos, a denominação monetária dos vários pesos do metal precioso que figura como dinheiro se separa de suas denominações de peso primevas. Por exemplo, o termo libra era a denominação monetária de uma libra-peso real de prata. Quando o ouro substituiu a prata como medida de valor, o mesmo nome foi usado para talvez um quinze-avos de libra de ouro, dependendo da proporção entre o ouro e a prata. Portanto, a palavra libra como denominação monetária foi separada da mesma palavra como denominação de peso.

Uma vez que a escala monetária é puramente convencional, por um lado, e requer validade geral, por outro, ela é regulamentada em última instância pela lei. Um certo peso, por exemplo, uma onça de ouro, é oficialmente dividido em alíquotas, que possuem denominações legais como libras, dólares, e assim por diante. Essas alíquotas, que então servem como unidade monetária, são subdivididas em ainda outras alíquotas, que também recebem denominações legais, como xelim, centavo, e assim por diante. Mas, assim como antes dessa divisão, um certo peso de metal é a escala do dinheiro de metal. A única mudança se encontra na subdivisão e na nomenclatura.

Desse modo, os bens e mercadorias expressam o que valem por meio de seus preços, e o dinheiro é utilizado como moeda de cálculo sempre que é necessário fixar o valor de um artigo na forma de dinheiro.

O preço é a denominação monetária do trabalho materializado na mercadoria. Portanto, a equivalência de uma mercadoria e a soma de dinheiro que compõem seu preço é uma tautologia, assim como essencialmente a expressão relativa do valor de uma mercadoria é a expressão da equivalência de duas mercadorias.

Apesar de o preço como expoente do valor de uma mercadoria ser o expoente de sua relação de troca com a moeda, não se decorre disso que o expoente de sua relação de troca com a moeda seja necessariamente o expoente da dimensão de seu valor.

A dimensão do valor da mercadoria exprime uma relação de produção social; ela exprime a ligação que existe necessariamente entre um determinado artigo e aquela parte do tempo total de trabalho social que foi necessário para a sua produção. Tão logo a dimensão de valor é convertida em preço, esta relação necessária acima mencionada assume a forma de uma relação de troca mais ou menos acidental entre uma única mercadoria e outra, a saber, a mercadoria-dinheiro. Nessa relação de troca, entretanto, podem ser expressos tanto a dimensão real de valor da mercadoria quanto igualmente a quantidade de ouro, que se distancia desse valor real, pela qual a mercadoria pode ser vendida de acordo com as circunstâncias. A possibilidade de incongruência quantitativa entre preço e dimensão de valor reside, portanto, na própria forma do preço. Isso não é um defeito, mas, pelo contrário, torna a forma de preço uma forma adequada de um modo de produção em que a regra só pode prevalecer face à carência de regras como uma lei média cegante.

A forma de preço pode ocultar uma contradição qualitativa, e de fato uma contradição tão grande que o preço deixa absolutamente de ser uma expressão de valor, embora o dinheiro seja apenas a forma de valor dos bens. Coisas que não são mercadorias em si mesmas, como a consciência, a honra, e assim por diante, podem ser vendidas por seus proprietários por dinheiro e, assim, por meio de seu preço, adquirir a forma

108

de mercadoria. Portanto, uma coisa pode ter um preço sem ter nenhum valor. Nesse caso, o preço se torna imaginário, como certas dimensões na matemática. Por outro lado, a forma de preço imaginária pode, às vezes, direta ou indiretamente, ocultar uma relação de valor real, por exemplo, o preço da terra não cultivada, que não tem valor porque nenhum trabalho humano está corporificado nela.

A forma de preço inclui a permutabilidade de bens e mercadorias por dinheiro, bem como a necessidade dessa permuta. Por outro lado, o ouro serve somente como medida ideal de valor, porque ele já se estabeleceu como mercadoria monetária no processo de troca. Na escala ideal dos valores se esconde, portanto, o ouro duro.

b) Meios de circulação

Na medida em que o processo de troca transfere bens das mãos em que representam valores de não uso, para mãos em que são valores de uso, esse processo é uma troca social de materiais. O produto de um trabalho útil substitui o de outro. Assim que uma mercadoria atinge o ponto em que pode servir como valor de uso, ela abandona a esfera da troca para adentrar a esfera do consumo. Mas aqui estamos apenas interessados na primeira dessas esferas. Devemos, portanto, agora olhar para a permuta a partir de sua perspectiva formal, isto é, examinar a mudança na forma ou a metamorfose das mercadorias que a permuta social de materiais produz.

A compreensão dessa mudança de forma geralmente é muito pobre. A causa, além da falta de clareza sobre o próprio conceito de valor, consiste em que toda mudança na forma de uma mercadoria ocorre através da permuta entre duas mercadorias, uma mercadoria comum e uma mercadoria monetária. Se alguém capturar este momento material individualmente, negligenciará imediatamente o que se espera que seja visto, a saber, o que sucede com a forma dos bens e mercadorias. Esquece-se do fato de que o ouro como uma mera mercadoria não é dinheiro, e que, quando outras mercadorias expressam seus preços em ouro, o ouro é apenas a forma monetária dessas próprias mercadorias.

As mercadorias são inicialmente incluídas no processo de troca conforme sua natureza. Esse processo então as divide entre mercadorias e dinheiro e, assim, cria uma oposição externa que corresponde à oposição interna inerente a elas, a saber, o de serem valores de uso e, ao mesmo tempo, valores. As mercadorias como valor de uso agora se opõem ao dinheiro como valor de troca. Por outro lado, existem mercadorias – ou bens – em ambos os lados, unidades de valor de uso e de valor. Mas essa unidade de diferenças aparece de maneira invertida em cada um dos dois polos. Por serem polos, eles necessariamente se enfrentam na mesma medida em que estão conectados. De um lado da equação, temos uma mercadoria comum que é, na verdade, um valor de uso. Seu valor aparece somente idealmente no preço, que se relaciona com o ouro oposto a esta mercadoria, como a constituição de seu valor real.

Por outro lado, o ouro em sua realidade metálica é considerado como a corporificação do valor, como o dinheiro. Em si mesmo o ouro apresenta um valor de troca. Essas formas opostas das mercadorias são as formas reais de movimento em seu processo de permuta.

A troca se dá em duas metamorfoses opostas e complementares e na seguinte mudança de forma: Mercadorias (M) – Dinheiro (D) – Mercadorias (M).

O processo aparentemente único é em realidade um processo duplo. Visto a partir do polo do dono da mercadoria, trata-se de uma venda, e visto a partir do outro polo, do proprietário do dinheiro, trata-se de uma compra. Em outras palavras: uma venda é ao mesmo tempo uma compra, M – D também é D – M. Como agente da venda, o proprietário se torna o vendedor, e como agente da compra ele se torna o comprador.

Em sua forma mais simples, a metamorfose geral de uma mercadoria assume quatro extremos e três pessoas atuantes. Em primeiro lugar, o dinheiro é colocado diante da mercadoria como sua constituição de valor, que existe no bolso do comprador como uma realidade material. Portanto, o dono das mercadorias se coloca diante do dono do dinheiro. Assim que a mercadoria se transforma em dinheiro, o dinheiro se torna sua forma equivalente a desvanecer-se, cujo valor de uso pode ser encontrado nos corpos de outros bens ou mercadorias. Como ponto final da primeira transformação, o dinheiro também é o ponto inicial da segunda. O vendedor do primeiro ato torna-se comprador do segundo, onde um terceiro proprietário de mercadorias se apresenta como vendedor.

A inversão das duas fases de movimento da metamorfose das mercadorias forma um ciclo: a forma da mercadoria, a remoção dessa forma da mercadoria e o retorno à forma da mercadoria. Não há dúvida de que os produtos aparecem aqui sob dois aspectos distintos. No ponto de partida, eles não são um valor de uso para seu proprietário, enquanto no ponto final eles são um valor de uso. Assim, o dinheiro aparece primeiro como o cristal sólido de valor no qual a mercadoria é transformada, para depois se dissolver na mera forma de equivalência que se destina a substituir o valor de uso.

O ciclo que uma mercadoria forma no percurso de suas metamorfoses está, portanto, inextricavelmente entrelaçado com os ciclos de outras mercadorias. O processo geral se apresenta como a circulação de mercadorias.

A circulação de mercadorias não é diferente da troca direta de produtos apenas a partir de uma perspectiva formal, mas sim em sua essência. Nada pode ser mais tolo do que o dogma de que a circulação de mercadorias deva envolver necessariamente um equilíbrio entre vendas e compras, porque toda venda é uma compra e toda compra é uma venda. Vender e comprar são atos idênticos, uma troca entre um dono de mercadorias e um dono de dinheiro, ou seja, entre duas pessoas que estão opostas uma à outra como os dois polos de um ímã. A identidade de venda e compra, portanto, implica que a mercadoria se torna inútil se, tendo sido ela lançada na retorta alquímica da circulação, ela não sair como dinheiro; tal identidade também afirma que a troca, se ocorrer, constitui um ponto de descanso, um momento da existência das mercadorias mais curto ou mais longo. Ninguém pode vender sem que alguém outro compre. Mas ninguém é diretamente obrigado a comprar porque ele mesmo acabou de se vender. A circulação quebra todas as barreiras temporais, espaciais e individuais da troca direta de produtos ao dividir a identidade imediata entre a permuta do produto do próprio trabalho e a permuta do produto de trabalho de outra pessoa na oposição entre venda e compra. O fato de que os processos colocados independentemente em oposição uns aos outros formam uma unidade interna significa igualmente que sua unidade interna é expressa em opostos externos. Se o intervalo de tempo entre as duas fases complementares da metamorfose integral de uma mercadoria for muito grande, se o intervalo entre a venda e a compra for demasiadamente enfatizado, então sua unidade se afirma violentamente por meio de uma crise.

O movimento das mercadorias forma um ciclo. Por outro lado, esta forma exclui o ciclo do dinheiro. O resultado não é o retorno do dinheiro, mas sua remoção contínua e cada vez mais longínqua de seu ponto de partida.

Na primeira fase da circulação, as mercadorias trocam de lugar com o dinheiro. Assim, a mercadoria se distancia da circulação como um objeto útil para adentrar o consumo. Em seu lugar aparece sua forma de valor – o dinheiro. A mercadoria não passa pela segunda fase de circulação em sua forma natural, mas em sua forma monetária.

A continuidade do movimento, portanto, recai inteiramente sobre o lado do dinheiro, e o mesmo movimento, que inclui dois processos opostos para a mercadoria, inclui sempre o mesmo processo na condição de movimentação do dinheiro, sua mudança de posição com mercadorias sempre diferentes. O resultado da circulação de mercadorias, ou seja, a substituição de uma mercadoria por outra, não parece ter sido provocado por sua própria mudança de forma, mas pela função do dinheiro como um meio de circulação, que faz circular mercadorias que são em si e para si mesmas imóveis. O dinheiro remove constantemente as mercadorias de circulação e ocupa constantemente o seu lugar; dessa forma, ele se afasta constantemente de seu ponto de partida.

Embora a movimentação pecuniária seja apenas uma expressão da circulação de mercadorias, o oposto aparenta ser o caso e a circulação de mercadorias parece ser o resultado do movimento de dinheiro. O dinheiro desempenha a função de meio de circulação porque é o valor das mercadorias emancipado. Seu movimento como meio de circulação é, portanto, na verdade, apenas o movimento das mercadorias enquanto elas mudam suas formas.

Toda mercadoria em sua primeira mudança de forma sai de circulação, na qual sempre entra uma nova mercadoria. O dinheiro, por outro lado, está constantemente na esfera de circulação e se movimenta nela. Portanto, surge a questão de quanto dinheiro essa esfera absorve.

Uma vez que o dinheiro e os bens são sempre fisicamente opostos um ao outro, é certo que a massa dos meios de circulação necessária para a circulação já está determinada pela soma dos preços dos bens e mercadorias. Na verdade, o dinheiro só representa realmente a quantidade de ouro já idealmente expressa na soma dos preços das mercadorias. A igualdade dessas somas é, portanto, evidente.

Nós sabemos, porém, que, se os valores das mercadorias permanecem os mesmos, seus preços mudam com o valor do ouro, aumentam proporcionalmente quando este cai e caem quando este sobe. Então, se o preço total das mercadorias sobe ou desce com esse aumento ou queda no valor do ouro, a mercadoria do dinheiro em circulação deve subir ou cair na mesma proporção. A mudança no volume dos meios de circulação surge aqui, porém, do próprio dinheiro, mas não de sua função como meio de circulação, mas de sua função como medida de valor. Primeiro, o preço das mercadorias muda inversamente com o valor do dinheiro; em seguida, o volume dos meios de circulação muda diretamente como o preço das mercadorias.

A mesma coisa aconteceria se, por exemplo, o valor do ouro não caísse, mas, em vez disso, o ouro fosse substituído como medida de valor pela prata, ou caso o valor da prata não aumentasse, mas deslocasse o ouro de sua função de medida de valor. Em ambos os casos, o valor do material do dinheiro, ou seja, o valor da mercadoria que funciona como uma escala de valor, teria mudado, assim como o preço das mercadorias, que expressam seu valor em dinheiro, bem como o volume de dinheiro em circulação que é usado para tornar os preços reais.

Consideremos agora o valor do ouro como dado e tomemos também que o preço de cada mercadoria é dado, então a soma dos preços depende do volume de mercadorias em circulação. Se o volume dos bens e mercadorias permanecer constante, o volume de dinheiro em circulação irá oscilar como a maré para cima e para baixo, com as flutuações no preço dos bens. Ele sobe e desce porque o preço total dos bens aumenta ou diminui como resultado da mudança de preço.

A velocidade dessa circulação de dinheiro reflete a velocidade da mudança na forma dos bens e mercadorias, o contínuo entrelaçamento da série de metamorfoses, a velocidade das trocas materiais sociais, o rápido desaparecimento dos bens e mercadorias da esfera de circulação e sua substituição igualmente rápida por novos bens e mercadorias. Inversamente, quando o fluxo de dinheiro desacelera, parece surgir a separação desses dois processos em fases opostas isoladas, a estagnação da mudança da forma e, consequentemente, das trocas sociais de materiais...

A quantidade total de dinheiro funcionando como meio de circulação em um determinado período é determinada, por um lado, pela soma dos preços das mercadorias em circulação e, por outro lado, pela rapidez com que as fases opostas de metamorfose se sucedem.

Os três fatores – movimento de preços, volume de mercadorias em circulação e velocidade de circulação do dinheiro – são todos mutáveis. Portanto, a soma de preços a ser realizada e, consequentemente, o volume dos meios de circulação, que depende dessa soma, irá mudar com as inúmeras variações desses três fatores na combinação.

Da função do dinheiro como meio de circulação emerge a sua caracterização de moeda. A parte em peso do ouro apresentada no preço ou na denominação monetária das mercadorias deve aparecer diante dessas na circulação como uma moeda ou peça de ouro com um determinado nome. Assim como o estabelecimento do padrão de preços, a atividade da cunhagem de moedas é responsabilidade do Estado. As moedas se desgastam em circulação, algumas mais, outras menos. Nome e substância, peso nominal e peso real iniciam o seu processo de divórcio. Moedas com o mesmo nome apresentam valores diferentes porque possuem pesos diferentes. Esse fato contém latentemente a possibilidade de substituir as moedas metálicas por caracteres de materiais diversos ou por símbolos que possuam a mesma finalidade das moedas. A moeda divisória[9] aparece ao lado do ouro para pagar as frações da menor moeda de ouro.

---

9. Um modelo monetário existente na Alemanha e na Áustria até 1914, em que o valor real da moeda era inferior ao seu valor nominal imposto pelo Estado.

O teor de metal das fichas de prata e cobre é determinado arbitrariamente por lei. Em circulação, eles se desgastam ainda mais rápido do que as moedas de ouro. Portanto, itens relativamente sem valor, como notas de papel, podem servir como moedas em seu lugar. Trata-se apenas de papel-moeda do governo com um valor estabelecido obrigatoriamente.

Alguém poderia agora perguntar por que o ouro pode ser substituído por fichas sem valor. Mas só pode ser substituído se funcionar exclusivamente como moeda ou meio de circulação. Cada peça monetária é apenas uma mera moeda ou meio de circulação, desde que realmente circule. O volume mínimo de ouro permanece constante na esfera de circulação, funciona continuamente como meio de circulação e existe exclusivamente para esse fim. Seu movimento, portanto, representa apenas a transformação contínua, umas nas outras, das fases opostas da metamorfose M – D – M, em que as mercadorias são confrontadas com sua forma de valor apenas para desaparecer de novo imediatamente. A existência independente do valor de troca da mercadoria é apenas um fenômeno passageiro aqui. A mercadoria é imediatamente substituída por outra mercadoria. Portanto, nesse processo em que o dinheiro passa constantemente de mão em mão, basta a existência meramente simbólica do dinheiro. Sua existência funcional absorve sua existência material, por assim dizer. Por ser um reflexo objetivo em desaparecimento dos preços das mercadorias, ele serve apenas como um sinal de si mesmo e, portanto, pode ser substituído por um sinal. Algo é necessário, no entanto: este símbolo deve ter validade social objetiva e essa validade é conferida ao símbolo de papel pela obrigatoriedade de seu valor.

c) Dinheiro

Assim que a série de metamorfoses é interrompida e a venda não é complementada por compras subsequentes, o dinheiro se transforma em um tesouro. A formação de tesouros atende a diversos fins na economia da circulação metálica. Para que o volume de dinheiro que realmente circula possa sempre satisfazer o poder de absorção da circulação, a quantidade de ouro e de prata em um país deve ser maior do que aquele expresso em sua função monetária. Essa condição é atendida pela forma de tesouro inerente ao dinheiro. As reservas servem como canais de descarga e abastecimento do dinheiro em circulação, que dessa forma jamais inunda as suas margens.

O desenvolvimento do dinheiro como meio de pagamento torna a acumulação de dinheiro necessária para as datas de vencimento das somas devidas. Enquanto a formação de tesouros como forma independente de enriquecimento desaparece com o progresso da sociedade burguesa, ela cresce na forma de fundos de reserva dos meios de pagamento.

O dinheiro de crédito surge diretamente da função do dinheiro como meio de pagamento, na medida em que notas promissórias pelos bens adquiridos circulam para transferir essas dívidas a terceiros.

Quando a produção de mercadorias se expandiu suficientemente, o dinheiro começou a servir como meio de pagamento para além da esfera da circulação de mercadorias. Torna-se a mercadoria ubíqua dos contratos. As pensões e aposentadorias, os impostos, e assim por diante, transformam-se de pagamentos em gêneros naturais para pagamentos em dinheiro.

Com a saída da esfera doméstica de circulação, o dinheiro se despe das formas locais da escala de preços, das moedas, das fichas e dos símbolos de valor ali adotados e retorna à sua forma original de barra de metais preciosos. No comércio internacional, o valor das mercadorias é expresso de tal forma que pode ser reconhecido universalmente. Aqui, portanto, surge também diante das mercadorias uma figura independente de valor como dinheiro mundial. Somente no mercado internacional o dinheiro adquire plenamente o caráter de uma mercadoria, cuja forma natural é também a encarnação social imediata do trabalho humano *in abstracto*.

II
A transformação de dinheiro em capital

4 A conversão do dinheiro em capital

a) A fórmula geral do capital

A circulação de mercadorias é o ponto de partida do capital. A produção de mercadorias e a circulação mais desenvolvida de mercadorias, chamada comércio, constituem as condições históricas sob as quais o capital surge. O comércio mundial e o mercado mundial fizeram surgir, no século XVI, a história de vida moderna do capital. Historicamente, o capital aparece em todos os lugares diante da propriedade, primeiro na forma de dinheiro, como capital mercantil e capital usurário. No entanto, não há necessidade de olhar para trás; ainda hoje todo novo capital entra em primeiro lugar em cena, ou seja, no mercado, na troca de mercadorias, no mercado de trabalho ou no mercado financeiro, ainda na forma de dinheiro, dinheiro que deve ser transformado em capital por meio de processos predefinidos. O dinheiro como dinheiro e o dinheiro como capital, inicialmente, diferem apenas em suas diferentes formas de circulação. A forma mais simples de circulação de mercadorias é M – D – M, transformando mercadorias em dinheiro e convertendo o dinheiro de volta em mercadorias, vendendo para comprar. Mas, além dessa forma, encontramos uma segunda forma especificamente diferente: D – M – D, a conversão de dinheiro em mercadorias ou bens e a conversão de bens ou mercadorias de volta em dinheiro, comprar para vender. O dinheiro, que circula nesta última variante, transforma-se em capital, torna-se capital e é capital segundo a sua característica predefinida.

Na primeira fase D – M, fase de compra, o dinheiro é convertido em mercadoria. Na segunda fase M – D, fase de venda, as mercadorias são convertidas de volta em dinheiro. O resultado, através do qual as fases do processo desaparecem, é a troca de dinheiro por dinheiro, D – D.

O ciclo D – M – D seria absurdo e sem sentido se alguém tivesse a intenção de trocar duas somas iguais de dinheiro dessa maneira.

Na circulação M – D – M, o dinheiro é finalmente transformado em mercadorias que servem como valor de uso. Portanto, o dinheiro está definitivamente gasto. A circulação D – M – D, por outro lado, começa com dinheiro e termina com dinheiro. Seu motivo motriz e finalidade específica é, portanto, o próprio valor de troca.

Uma quantia de dinheiro só pode diferir de outra quantia de dinheiro pela sua dimensão. O processo D – M – D deve seu caráter e tendência a nenhuma diferença qualitativa entre seus extremos, mas apenas à sua diferença quantitativa.

A forma exata desse processo é, portanto, D – M – D', onde D' = D + ΔD, [delta-D], ou seja, igual à soma de dinheiro originalmente adiantada mais o seu incremento. Eu chamo esse aumento ou excesso sobre o valor original de "mais-valia"[10]. O valor originalmente adiantado é, portanto, não apenas preservado na circulação, mas é incrementado por uma mais-valia ou se expande. E esse movimento o transforma em capital.

A simples circulação de mercadorias – a venda para compra – serve de meio para um fim, o qual se coloca fora da circulação, nomeadamente a satisfação de necessidades. A circulação do dinheiro como capital, por outro lado, é um fim em si mesma; pois a expansão do valor ocorre apenas dentro desse movimento constantemente renovado. A circulação do capital, portanto, não tem limites. Como portador consciente desse movimento, o dono do dinheiro torna-se capitalista. Sua pessoa, ou melhor, seu bolso, é o ponto de partida e o ponto de chegada do dinheiro. A expansão do valor, o qual é a

---

10. Como apontado acima, a tradução literal do termo seria "valor agregado", como em *Mehrwertsteuer* (Imposto sobre o Valor Agregado – IVA). Mantém-se o termo "mais-valia" aqui por conta de seu caráter tradicional nos estudos marxistas e marxianos em língua portuguesa.

base objetiva ou a principal causa da circulação, torna-se sua meta subjetiva, e, somente na medida em que a apropriação da riqueza abstrata é o único motivo motriz de suas operações, ele funciona como um capitalista ou um capital personificado dotado de vontade e consciência. O incansável e interminável processo de obtenção de lucros é seu único objetivo. Este impulso absoluto de enriquecimento, esta busca apaixonada pelo valor de troca é comum ao capitalista e ao acumulador de tesouros, mas, enquanto o acumulador é apenas um capitalista enlouquecido, o capitalista é um acumulador racional. O incansável incremento do valor, pelo qual o acumulador se esforça tentando poupar dinheiro da circulação, é alcançado pelo capitalista mais sábio na medida em que constantemente o coloca novamente em circulação.

O valor como capital, portanto, parte da circulação, retorna novamente a ela, se mantém e se multiplica nela, volta ampliado e sempre recomeça o mesmo ciclo. D – D', dinheiro alimentando dinheiro é a descrição do capital na boca de seus primeiros intérpretes, os mercantilistas.

Na verdade, então, D – M – D' é a fórmula geral do capital tal como aparece imediatamente na esfera da circulação.

b) Compra e venda de mão de obra

A mudança no valor do dinheiro, que deve ser transformado em capital, não pode ocorrer no próprio dinheiro, pois como meio de compra ou pagamento ele apenas torna palpável o preço das mercadorias que compra ou paga, e, como dinheiro duro, é ainda mais rígido e não muda jamais. A mudança também não pode surgir da revenda das mercadorias, pois esse ato somente transforma a mercadoria de sua forma natural de volta em sua forma monetária. A mudança decorre do valor de uso da mercadoria, ou seja, do seu consumo.

Para extrair valor do consumo de uma mercadoria, nosso dono do dinheiro teria que ter tamanha sorte de encontrar no mercado uma mercadoria cujo valor de uso tivesse a peculiar qualidade de ser uma fonte de valor, cujo consumo real seria, portanto, ele próprio a corporificação do trabalho e, consequentemente, a criação de valor.

O dono do dinheiro encontra uma mercadoria especial tal como essa no mercado – a capacidade de trabalho ou a força de trabalho. Entendemos por isso o epítome das habilidades mentais e físicas que existem no ser humano e que ele coloca em movimento sempre que produz valores de uso de qualquer tipo. A força de trabalho só pode aparecer como mercadoria no mercado se for colocada à venda por seu proprietário. A fim de que a força de trabalho seja vendida como mercadoria, seu proprietário deve ser capaz de dispor dela livremente. Ele e o dono do dinheiro se encontram no mercado e eles negociam com base na igualdade de direitos, com a única diferença de que um é comprador e o outro é vendedor; ambos são, portanto, iguais aos olhos da lei. A continuação dessa relação exige que o dono da força de trabalho venda-a somente por um determinado período. Se a vendesse de uma vez por todas, ele venderia a si mesmo, transformando a si mesmo de ser humano livre em escravo, de dono de uma mercadoria na própria mercadoria. Ele deve se relacionar constantemente com sua força de trabalho como sua propriedade e, portanto, sua própria mercadoria. Ele só pode fazer isso disponibilizando-a ao comprador apenas por um determinado período, ou seja, não renunciando à sua propriedade ao vendê-la.

Para que o dono do dinheiro encontre a força de trabalho no mercado na forma de mercadoria, é necessário que seu dono, em vez de poder vender bens, nos quais o seu trabalho se tenha materializado, antes venda a sua própria força de trabalho na forma de uma mercadoria.

Para transformar dinheiro em capital, o dono do dinheiro deve encontrar o trabalhador livre no mercado, livre no duplo sentido de que ele, como pessoa livre, possui a sua força de trabalho como mercadoria, e que, por outro lado, ele não tem outras mercadorias para vender, que ele é totalmente desimpedido, está livre de todos os meios de produção necessários para a realização de sua força de trabalho.

Esta mercadoria peculiar, a força de trabalho, possui um valor como todas as outras mercadorias. Como esse valor é determinado? O valor da força de trabalho, como o de qualquer outra mercadoria, é determinado pelo tempo de trabalho necessário para a produção, portanto, também para a reprodução, deste artigo específico. A força de trabalho existe apenas como uma disposição do indivíduo vivo. Sua produção, portanto, pressupõe a sua existência. Dada a existência do indivíduo, a produção da força de trabalho consiste na sua própria reprodução ou manutenção. O indivíduo vivo precisa de certa quantidade de meios de subsistência para mantê--lo. O tempo de trabalho necessário para a produção da força de trabalho é assim reduzido ao tempo de trabalho necessário para a produção desses meios de subsistência. Em outras palavras, o valor da força de trabalho é o valor dos meios de subsistência necessários para a manutenção do trabalhador. Seus meios de subsistência devem, portanto, ser suficientes para mantê-lo em sua condição normal de indivíduo trabalhador. Suas necessidades naturais, como comida, roupas, aquecimento e moradia, variam de acordo com o clima do país e outras condições físicas deste. Por outro lado, a extensão de suas necessidades chamadas essenciais, bem como a forma como são satisfeitas, é em si um resultado do desenvolvimento histórico e depende em grande medida do nível cultural de um país. Porém, para um determinado país, em um determinado período, a quantidade média de meios de subsistência necessários ao trabalhador é conhecida na prática.

A natureza peculiar desta mercadoria específica, da força de trabalho, traz consigo que, quando o contrato é celebrado entre o comprador e o vendedor, seu valor de uso não passa imediatamente para as mãos do comprador. Seu valor de uso consiste na expressão subsequente de transferência de forças, no consumo da força de trabalho. Em todos os países do modo de produção capitalista, a força de trabalho é paga somente depois de já ter sido exercida ao longo do período especificado no contrato, por exemplo, ao final de cada semana. Em toda parte, portanto, o trabalhador adianta o valor de uso da força de trabalho para o capitalista; em todos os lugares ele dá crédito ao capitalista.

O consumo da força de trabalho é, ao mesmo tempo, a produção de bens e de mais-valia. Como no caso de qualquer outra mercadoria, o consumo do trabalho ocorre fora do mercado ou da esfera de circulação, no interior dos espaços ocultos da produção.

III
A produção de mais-valia absoluta

5 Processo de trabalho e processo de valorização[11]

a) Processo de trabalho

O capitalista compra força de trabalho para usá-la. O uso da força de trabalho é o próprio trabalho. O comprador da força de trabalho a consome na medida em que leva seu vendedor a trabalhar.

O trabalho é antes de tudo um processo no qual os seres humanos e a natureza estão envolvidos, um processo no qual os seres humanos medeiam, regulam e controlam sua troca de matérias com a natureza por meio de suas próprias ações.

---

11. *Verwertungsprozess*. *Verwertung* deriva de *verwerten*, que indica a reutilização de algo até seu esgotamento, por exemplo, na reciclagem. *Verwertungsprozess* poderia, portanto, ser traduzido como o processo de valorização absoluta, na medida em que abomina qualquer desperdício.

Assumimos a obra de uma forma que a marca como exclusivamente humana. Uma aranha realiza operações que se assemelham às do tecelão e uma abelha envergonha alguns mestres de obras humanos por conta da construção de suas células de cera. Mas o que distingue o pior dentre os construtores da melhor dentre as abelhas é que ele constrói seu edifício em sua cabeça antes de realmente construí-lo. Ao final do processo de trabalho obtemos um resultado que já estava presente na imaginação do trabalhador no momento de seu início. Ele não apenas realiza uma mudança na forma do material em que está trabalhando, mas realiza ao mesmo tempo seu propósito, que determina a maneira como ele faz o que faz e ao qual deve subordinar a sua vontade.

Os momentos simples do processo de trabalho são:

1) a atividade pessoal do ser humano, ou seja, o próprio trabalho;

2) o objeto deste trabalho; e

3) os meios para a realização do trabalho.

Toda matéria-prima é um objeto de trabalho, mas nem todo objeto de trabalho é uma matéria-prima; ele só pode se tornar matéria-prima depois de já ter sofrido uma alteração provocada pelo trabalho, por exemplo, a madeira que foi derrubada.

Com exceção da indústria extrativista, que encontra seu objeto de trabalho na natureza, como a mineração, a caça, a pesca, e assim por diante, todos os ramos da indústria lidam com matéria-prima, objetos que já foram filtrados pelo trabalho, ou seja, que são eles mesmos um produto do trabalho.

O meio de trabalho é uma coisa ou um complexo de coisas que o trabalhador insere entre si mesmo e o objeto de trabalho e que lhe servem como condutor de sua atividade. Ele usa as propriedades mecânicas, físicas e químicas das coisas para controlar outras coisas à sua vontade. Assim que o processo de trabalho se desenvolve apenas até certo ponto, ele requer equipamentos de trabalho já processados. As épocas econômicas diferem não pelo que é feito, mas como, com que equipamento de trabalho.

No processo de trabalho, portanto, a atividade do ser humano com o auxílio do equipamento de trabalho provoca uma mudança premeditada desde o início sobre o material de trabalho. O processo desaparece no produto; o último é um valor de uso. O trabalho fundiu-se com seu objeto; o trabalho é materializado e o objeto é trabalhado. O trabalhador teceu e o produto é uma teia.

Se olharmos para todo o processo do ponto de vista de seu resultado, ou seja, do produto, tanto o meio de trabalho quanto o objeto de trabalho aparecem como meios de produção e o próprio trabalho como trabalho produtivo.

Se um valor de uso deve ser visto como matéria-prima, meio de trabalho ou produto depende inteiramente da sua função no processo de trabalho, do lugar que nele ocupa.

O capitalista compra no mercado aberto os fatores necessários ao processo de trabalho, tanto os fatores objetivos ou os meios de produção quanto o fator subjetivo, a força de trabalho. Em seguida, ele passa a se concentrar no consumo da mercadoria que comprou – a força de trabalho –, permitindo que o trabalhador – a personificação dessa força de trabalho – consuma os meios de produção por meio de seu trabalho.

O processo de trabalho, na forma como ele ocorre, como um processo de consumo da força de trabalho pelo capitalista, apresenta dois fenômenos característicos: primeiro, o trabalhador trabalha sob o controle do capitalista, a quem seu trabalho pertence; em segundo lugar, o produto é propriedade do capitalista e não do trabalhador, do produtor imediato. Através da compra da força de trabalho, o capitalista incorporou o trabalho aos componentes sem vida do produto como um elemento de fermentação vivo. De seu ponto de vista, o processo de trabalho é apenas o consumo da mercadoria por ele comprada, da força de trabalho, mas esse consumo só pode ser realizado se a força de trabalho for provida de meios de produção.

b) Processo de valorização

O objetivo do capitalista é produzir não apenas um valor de uso, mas uma mercadoria, e não apenas valor de uso, mas valor, e não apenas valor, mas também mais-valia.

Assim como as próprias mercadorias são, ao mesmo tempo, valores de uso e valores, seu processo de produção deve ser ao mesmo tempo um processo de trabalho e um processo de criação de valor.

Se o processo de criação de valor não é levado além do ponto em que o valor que o capitalista paga pela força de trabalho é substituído por um equivalente exato, então trata-se simplesmente de um processo de criação de valor; no entanto, se for levado para além deste ponto, é um processo de criação de mais-valia.

O valor diário da força de trabalho soma, por exemplo, três xelins, porque os meios de subsistência diária necessária para a produção da força de trabalho custam meia jornada de trabalho. O valor da força de trabalho e o valor que essa força de trabalho gera são duas quantidades totalmente diferentes. O capitalista tinha essa diferença de valor em mente quando adquiriu a força de trabalho. A sua qualidade útil de fazer fios ou botas era para ele apenas uma condição indispensável, porque o trabalho deve ser despendido de forma útil para criar valor. O que realmente o influenciou, no entanto, foi o valor de uso particular dessa mercadoria, a saber, não ser apenas uma fonte de valor, mas de valor superior ao que ela própria possui. Este é o serviço especial que o capitalista espera da força de trabalho e, ao fazê-lo, procede de acordo com as "leis eternas" da troca de mercadorias. O vendedor da força de trabalho, como o vendedor de qualquer outra mercadoria, percebe seu valor de troca e aliena seu valor de uso. O valor de uso da força de trabalho, ou, em outras palavras, o trabalho, depois de vendido, não pertence ao seu vendedor mais do que o valor de uso do óleo vendido pertence ao vendedor de óleo. O dono do dinheiro pagou o valor diário da força de trabalho: portanto, seu uso durante o dia, o trabalho diário, pertence a ele. O fato de que a manutenção diária da força de trabalho custa apenas meio-dia de trabalho, embora esta força de trabalho possa trabalhar um dia inteiro, e que por essa razão o valor que a sua utilização cria durante um dia é duas vezes superior ao seu valor diário, este é fato de grande sorte para o comprador, mas de forma alguma um dano ao vendedor.

O trabalhador, portanto, encontra os meios de produção necessários na oficina não apenas por seis, mas por doze horas. Como comprador, o capitalista pagava por cada mercadoria pelo seu valor total, algodão, fuso e força de trabalho. Equivalente foi trocado por equivalente. Então ele fez o que todo comprador de mercadorias faz; ele consumiu seu valor de uso. O consumo da força de trabalho, que ao mesmo tempo representava o processo de produção das mercadorias, resultou em um produto. O capitalista, antes um comprador, agora retorna ao mercado como um vendedor de mercadorias. Ele extrai da circulação três xelins a mais do que originalmente colocou em circulação. Essa transformação do dinheiro em capital ocorre na esfera da circulação e também fora dela. Pela mediação da circulação, porque é condicionada pela compra da força de trabalho no mercado, e fora da circulação, porque é apenas uma etapa preliminar da produção da mais-valia, que acontece inteiramente na esfera da produção. Na medida em que o capitalista transforma dinheiro em mercadorias que servem como elementos materiais de um novo produto ou como fatores do processo de trabalho ao incorporar trabalho vivo em sua objetividade morta, ele transforma valor, trabalho passado, materializado e morto em capital, em valor carregado de valor.

Considerado como um processo de criação de valor, o mesmo processo de trabalho se apresenta apenas do ponto de vista quantitativo. Trata-se aqui apenas de uma questão do tempo que o trabalhador necessita para realizar o trabalho, da duração temporal ao longo da qual a força de trabalho é alienada de forma útil. Seja previamente inserido no meio de produção ou adicionado pela primeira vez durante o processo pela força de trabalho, o trabalho conta em todo caso unicamente de acordo com a sua medida de tempo.

No entanto, o trabalho conta somente na medida em que o tempo gasto na produção do artigo seja necessário conforme as circunstâncias sociais. As consequências disso são distintas. Primeiramente, a força de trabalho deve funcionar sob condições normais. Se a máquina de fiar é o meio de trabalho dominante na fiação, seria absurdo dar ao fiador uma roda de fiar. O algodão também não deve ser de tão baixa qualidade a ponto de gerar resíduos extras durante o processamento, mas deve ser de qualidade normal. Se os fatores materiais do processo são de qualidade normal ou não, depende apenas do capitalista. Além disso, a própria força de trabalho deve ser de qualidade média. Na especialidade em que trabalha, ela deve possuir a quantidade média prevalecente de destreza, habilidade e velocidade, e ela deve ser aplicada com a quantidade média habitual de esforço e o grau habitual de intensidade; o capitalista zela por isso com cuidado. Ele comprou a força de trabalho por um determinado período e insiste em seus direitos. Ele não quer ser expropriado. Finalmente, qualquer consumo desnecessário de matéria-prima ou meios de trabalho é estritamente proibido.

Considerado como uma unidade entre o processo de trabalho e o processo de criação de valor, o processo de produção é um processo de produção de mercadorias; considerado como unidade entre o processo de trabalho e o processo de criação de mais-valia, é um processo de produção capitalista, é a forma capitalista de produção de mercadorias.

Para a criação de mais-valia é absolutamente irrelevante se o trabalho apropriado pelo capitalista é um trabalho simples, medíocre, não qualificado ou um trabalho mais complicado. Qualquer trabalho de caráter superior ou mais complicado do que o trabalho medíocre significa o dispêndio de uma força de trabalho cara, na qual fluíram custos educacionais mais elevados, uma força de trabalho cuja produção custou mais tempo e trabalho e que, portanto, possui um valor mais alto do que o trabalho não qualificado ou o trabalho simples. O seu consumo é, portanto, trabalho de classe mais elevada, trabalho que produz valores comparativamente mais elevados do que o trabalho não especializado nos mesmos períodos. A mais-valia resulta apenas de um excedente quantitativo de trabalho, da extensão de um mesmo processo de trabalho.

6 Capital constante e capital variável

Os diversos fatores do processo de trabalho desempenham um papel diferente na formação do valor do produto. O trabalhador agrega novo valor ao objeto de trabalho ao despender uma certa quantidade de trabalho adicional. Por outro lado, encontramos os valores dos meios de produção utilizados novamente como componentes essenciais do valor do produto, por exemplo, os valores do algodão e do fuso no valor do fio. O valor dos meios de produção é assim preservado por meio de sua transferência para o produto. A transferência ocorre durante a transformação do meio de produção em produto, no processo de trabalho. Ela é mediada através do trabalho; mas como?

Posto que a adição de um novo valor ao objeto de trabalho e a preservação dos antigos valores no produto são dois resultados inteiramente diferentes que o trabalhador produz ao mesmo tempo durante uma operação, esta dupla natureza do resultado só pode ser explicada pela dupla natureza do próprio trabalho. Ao mesmo tempo, ela deve gerar valor conforme uma propriedade e receber ou transferir valor conforme outra.

Em sua qualidade geral abstrata, como alienação de força de trabalho humano, o trabalho de fiar agrega novo valor ao valor do algodão e do fuso; por outro lado, na sua qualidade especial de processo concreto e útil, o mesmo trabalho de fiação transfere para o produto o valor dos meios de produção, preservando assim o seu valor no produto. Daí o resultado duplo que ocorre simultaneamente.

Enquanto as condições de produção permanecerem as mesmas, quanto mais valor o trabalhador agrega com um novo trabalho, mais valor ele recebe e transfere, mas isso só acontece porque seu incremento de novo valor ocorreu em condições constantes, as quais são independentes de seu trabalho. Todavia, pode-se dizer, em certo sentido, que o trabalhador sempre recebe valores antigos na mesma proporção em que agrega novos valores.

No processo de trabalho, os meios de produção transferem seu valor para o produto somente na medida em que perdem seu valor de uso e seu valor de troca. Eles oferecem ao produto apenas tanto valor quanto perdem como meio de produção. A quantidade máxima de perda de valor que eles podem sofrer no processo de produção é claramente limitada pela dimensão original de valor com o qual entraram no processo de trabalho, portanto, os meios de produção nunca podem agregar mais valor ao produto do que aquele que possuem independentemente do processo de trabalho ao qual eles servem.

O mesmo meio de produção participa do processo de trabalho como um todo, ao passo que, na condição de elemento de formação de valor, ele participa apenas parcial e paulatinamente. Por outro lado, um meio de produção como um todo pode participar da formação do valor, enquanto participa no processo de trabalho apenas em partes.

O valor dos meios de produção reaparece no valor do produto, mas, estritamente falando, isto não constitui uma reprodução do valor. O que foi produzido é um novo valor de uso no qual o antigo valor de troca reaparece.

O excedente do valor total do produto em relação à soma total dos valores de seus componentes essenciais representa o excedente do capital empregado sobre o valor do capital originalmente adiantado. Os meios de produção, por um lado, e a força de trabalho, por outro, são apenas as diferentes formas de existência que o valor do capital original assumiu quando foi transformado de dinheiro nos vários fatores distintos do processo de trabalho.

A parte do capital que está representada nos meios de produção, ou seja, na matéria-prima, nos materiais auxiliares e nos equipamentos de trabalho, não sofre nenhuma alteração quantitativa de valor no processo produtivo. Portanto, chamo-o de parte constante do capital ou, de forma resumida, capital constante.

Por outro lado, a parte do capital que está representada na força de trabalho experimenta uma mudança de valor no processo de produção. Ela produz tanto o equivalente de seu próprio valor quanto um excedente, uma mais-valia que pode mudar, pode ser maior ou menor, dependendo das circunstâncias. Esta parte do capital é ininterruptamente convertida de um valor constante em um valor variável. Portanto, chamo-a de parte variável do capital ou, para resumir, capital variável.

Os mesmos componentes do capital que diferem do ponto de vista do processo de trabalho como fatores objetivos e subjetivos, como meios de produção e força de trabalho, diferem do ponto de vista do processo de constituição da mais-valia como capital constante e capital variável.

7 A taxa de mais-valia

a) O nível de exploração do trabalhador

A mais-valia que C, o capital investido, gerou no processo de produção, ou, em outras palavras, a valorização do valor do capital investido C, é inicialmente apresentada como o excedente do valor do produto sobre o valor dos seus elementos essenciais. Nós vimos que, durante uma seção do processo de trabalho, o trabalhador produz apenas o valor de sua força de trabalho, ou seja, o valor de seus meios de subsistência. Mas, como seu trabalho faz parte do sistema que se baseia na divisão social do trabalho, ele não produz diretamente seus meios de subsistência; em vez disso, ele produz uma mercadoria específica, por exemplo, fios, cujo valor é equivalente ao valor de seus meios de subsistência ou do dinheiro com que pode adquiri-los. A parte da sua jornada de trabalho que ele precisa para alcançar isso será maior ou menor, dependendo do valor de suas necessidades de subsistência médias diárias, ou, o que significa a mesma coisa, dependendo do tempo médio de trabalho necessário para sua produção. Eu chamo a parte da jornada de trabalho em que essa reprodução ocorre de tempo de trabalho "necessário", e o trabalho alienado durante esse tempo chamo de trabalho "necessário". Necessário para o trabalhador porque é independente da forma social particular de seu trabalho; necessário para o capital e seu mundo, porque a existência constante do trabalhador é sua base.

Durante o segundo período do processo de trabalho, em que o trabalhador ultrapassa os limites do trabalho "necessário", o trabalhador trabalha, aliena força de trabalho, mas não gera nenhum valor para si mesmo. Ele gera a mais-valia, que para o capitalista tem todo o encanto da criação a partir do nada. Eu chamo essa parte da jornada de trabalho de tempo de trabalho excedente, e o trabalho que é alienado durante esse tempo de mais-trabalho. Por mais decisivo que seja para o conhecimento do valor entendê-lo como mera coagulação do tempo de trabalho, como trabalho materializado, assim é igualmente decisivo para o entendimento da mais-valia compreendê-la como mera coagulação do tempo de trabalho excedente, como materialização do mais-trabalho.

A diferença essencial entre as várias formas econômicas da sociedade, por exemplo, entre uma sociedade baseada no trabalho escravo e outra baseada no trabalho assalariado, reside apenas na forma como esse mais-trabalho é espoliado de seu produtor imediato, o trabalhador.

Visto que, por um lado, o valor desta força de trabalho determina a parte necessária da jornada de trabalho, e como, por outro lado, a mais-valia é determinada pela parte excedente da jornada de trabalho, segue-se que a mais-valia está relacionada ao capital variável, assim como o mais-trabalho está relacionado ao trabalho necessário, ou, em outras palavras, a taxa de mais-valia:

$$\frac{\text{Mais-valia}}{\text{Capital variável}} = \frac{\text{Mais-trabalho}}{\text{Trabalho necessário}}$$

Ambas as proporções, mais-valia/capital variável e mais-trabalho/trabalho necessário, expressam a mesma relação de maneiras diferentes, por um lado por referência ao trabalho materializado e objetificado, por outro lado por referência ao trabalho vivo e fluido.

A taxa de mais-valia [ou seja, a razão entre a mais-valia e o capital variável ou a taxa de mais-valia] é, portanto, a expressão exata para o grau de exploração da força de trabalho pelo capital ou do trabalhador pelo capitalista.

Em suma, o método de cálculo da taxa de mais-valia é o seguinte: tomamos o valor total do produto e igualamos a zero a parte constante do capital que só reaparece ali. A quantidade restante de valor é o único produto de valor realmente criado no processo de produção das mercadorias. Se a mais-valia é dada, só temos que subtraí-la desse produto de valor para encontrar o capital variável. Fazemos o oposto quando o último é dado e temos que encontrar a mais-valia. Se ambos forem dados, só precisamos realizar a operação final, ou seja, mais-valia/capital variável, para calcular a relação entre a mais-valia e o capital variável.

b) *Representação do valor do produto em partes proporcionais do produto*

Um exemplo nos mostra como o capitalista transforma dinheiro em capital. O produto de uma jornada de trabalho de 12 horas é 20 libras de fio no valor de 30 xelins. Não menos que 8/10 desse valor, ou 24 xelins, é formado pelo valor meramente reaparecido dos meios de produção (20 libras de algodão a 20 xelins e fusos usados, e assim por diante, a 4 xelins) ou consiste em capital constante. Os restantes 2/10, ou 6 xelins, são o novo valor criado durante o processo de fiação, metade dos quais substitui o valor diário da força de trabalho ou o capital variável, e a outra metade constitui uma mais-valia de 3 xelins. Portanto, o valor total das 20 libras de fio é composto da seguinte forma:

Valor do fio de 30 xelins = 24 xelins de capital constante + 3 xelins de capital variável + 3 xelins de mais-valia

Uma vez que este valor total está incluído no produto total de 20 libras de fio, devem os diversos elementos de valor também ser representados em partes proporcionais do produto.

Uma vez também que as 12 horas de trabalho do fiandeiro estão incorporadas em 6 xelins, 60 horas de trabalho estão incorporadas no valor do fio a 30 xelins. E essas quantidades de tempo de trabalho realmente existem em 20 libras de fio; pois em 8/10 ou 16 libras materializam-se 48 horas de trabalho que foram alienadas nos meios de produção antes do início do processo de fiação, e nos restantes 2/10 ou 4 libras materializam-se as 12 horas trabalhadas durante o processo propriamente dito.

Anteriormente, víamos que o valor do fio é equivalente à soma do novo valor gerado na sua produção mais o valor previamente existente nos seus meios de produção. Agora foi demonstrado como os diversos componentes do valor do produto, que diferem funcionalmente uns dos outros, podem ser representados em partes proporcionais do próprio produto.

Este desmembramento do produto em diferentes partes, das quais uma parte representa apenas o trabalho contido nos meios de produção ou o capital constante, outra parte apenas o trabalho necessário adicionado ao processo de produção ou capital variável, e a última parte representa o mais-trabalho alienado no mesmo processo ou a mais-valia, é tão simples quanto importante, como veremos mais tarde, ao aplicá-los a problemas complexos e até agora não resolvidos. Chamamos a parte do produto em que a mais-valia é representada como "mais-produto". A dimensão do mais-produto não é determinada por sua relação com o restante do produto total, mas com aquela parte do produto que incorpora o trabalho necessário. Visto que a produção da mais-valia é o propósito determinante da produção capitalista, torna-se claro que a dimensão da riqueza de uma pessoa ou nação não deve ser medida pela quantidade absoluta produzida, mas pela dimensão relativa do mais-produto.

8 A jornada de trabalho

a) Os limites da jornada de trabalho

A soma do trabalho necessário e do mais-trabalho, ou seja, dos segmentos de tempo em que o trabalhador substitui o valor de sua força de trabalho e produz a mais-valia, constitui o tempo de trabalho real, ou seja, a jornada de trabalho.

A jornada de trabalho não é uma constante, mas uma variável. Uma de suas partes é certamente o tempo de trabalho necessário para reproduzir a sua força de trabalho, mas a sua dimensão total se altera com a duração do mais-trabalho. A jornada de trabalho é, portanto, determinável, mas em si mesma indeterminada.

O seu limite mínimo, no entanto, não pode ser determinado. Por outro lado, a jornada de trabalho possui um limite máximo. Ela não pode ser estendida para além de um certo ponto. Durante as 24 horas de um dia natural, o ser humano só pode alienar uma certa quantidade de sua força vital. Durante parte do dia, essa força necessita de descanso, precisa dormir; durante outra parte, o ser humano deve satisfazer outras necessidades físicas. Paralelamente a esses limites puramente físicos, a extensão da jornada de trabalho esbarra em obstáculos morais. O trabalhador precisa de tempo para satisfazer suas necessidades intelectuais e sociais, cuja extensão e quantidade são determinados pelo estado geral da cultura. A variação da jornada de trabalho, portanto, move-se dentro das barreiras físicas e sociais. Ambas as barreiras são, todavia, por natureza muito elásticas e permitem uma imensa margem de manobra.

O capitalista comprou força de trabalho pelo seu valor diário. Ele possui seu valor de uso durante uma jornada de trabalho. Portanto, ele tem o direito de deixar o trabalhador trabalhar para ele por um dia. Mas o que é uma jornada de trabalho?

O capitalista tem sua própria visão do limite necessário de uma jornada de trabalho. Como capitalista, ele é apenas a personificação do capital. Sua alma é a alma do capital. Mas o capital tem um único impulso de vida, o impulso de valorizar a si mesmo, de gerar mais-valia, com sua parte constante, os meios de produção, de sugar a maior quantidade possível de mais-trabalho. Capital é trabalho morto que, semelhante a um vampiro, vive apenas sugando trabalho vivo e que vive tanto mais quanto mais trabalho vivo absorve. O tempo durante o qual o trabalhador trabalha é o tempo durante o qual o capitalista consome a força de trabalho comprada por ele. Se o trabalhador consome seu tempo disponível para si mesmo, ele rouba, desse modo, os capitalistas. O capitalista então apela para a lei da troca de mercadorias. Ele, como qualquer outro comprador, busca extrair o maior benefício possível do valor de uso de suas mercadorias.

De repente, porém, a voz do trabalhador se levanta: a mercadoria que lhe vendi difere de outras mercadorias na medida em que seu uso cria valor, e um valor que é maior do que o seu próprio valor. Este foi o motivo pelo qual você a comprou. O que aparece do seu lado como utilização do capital é, para mim, uma alienação excedente de força de trabalho. Você e eu conhecemos apenas uma lei do mercado, a da troca de mercadorias. E o consumo da mercadoria não é do vendedor, mas do comprador. Você, portanto, possui o uso de minha força de trabalho diário. Mas, por meio do preço que você paga por ela todos os dias, eu necessito ser capaz de reproduzi-la e vendê-la diariamente. Eu quero comportar-me como um proprietário sensato e econômico com minha única propriedade, o trabalho, e abster-me de qualquer desperdício louco desse mesmo trabalho. Eu quero despender dela diariamente somente a quantidade necessária, quero transformar em trabalho somente aquilo que seja compatível com sua duração normal e desenvolvimento saudável. Prolongando incomensuravelmente a jornada de trabalho, você pode consumir uma quantidade maior de meu trabalho em um dia do que posso repor em três dias. O que você com isso ganha no trabalho, eu perco na substância do trabalho. O uso de minha força de trabalho e a privação dela são coisas muito diferentes. Se o tempo médio que um trabalhador pode viver trabalhando razoavelmente é 30 anos, então o valor de minha força de trabalho, o qual você me paga cotidianamente, é 1/365x30, ou 1/10950 de seu valor total. Mas se você consumi-la em 10 anos, você ainda assim me paga todos os dias 1/10950 em vez de 1/3650 de seu valor total, ou seja, apenas 1/3 de seu valor diário e, portanto, você me rouba 2/3 do valor de minha mercadoria cotidianamente. Você me paga a força de trabalho correspondente a um dia de trabalho enquanto usa a força de trabalho de três dias. Isso é contra o nosso contrato e contra a lei das trocas. Eu exijo uma jornada de trabalho de duração normal e eu a exijo sem apelo ao seu coração. Você pode ser um cidadão modelo, mas aquilo que você representa para mim não tem coração no peito.

Percebe-se: desconsiderando os seus limites extremamente elásticos, não decorre da própria natureza da troca de mercadorias qualquer limitação da jornada de trabalho e do mais-trabalho. O capitalista afirma o seu direito como comprador se tenta fazer com que uma jornada de trabalho seja o mais longa possível e se tenta transformar uma jornada de trabalho, se possível, em duas. Por outro lado, a natureza peculiar da mercadoria vendida impõe um limite ao seu consumo por parte do comprador, e o trabalhador faz valer o seu direito de vendedor se desejar limitar a jornada de trabalho a um determinado tamanho normal. Portanto, aqui surge uma antinomia, um direito contra um direito, ambos igualmente selados pela lei da troca. Entre os direitos iguais a decisão recai sobre a violência. Assim, na história da produção capitalista, a determinação da jornada de trabalho surge como resultado de uma luta, uma luta entre a classe capitalista e a classe trabalhadora.

b) A ganância por mais-trabalho

O capital não inventou o mais-trabalho. Em qualquer lugar, onde uma parte da sociedade detém o monopólio dos meios de produção, o trabalhador, livre ou não, é obrigado a adicionar horas extras de trabalho às horas de trabalho necessárias para sua autopreservação, a fim de produzir o os meios de subsistência para o dono dos meios de produção, seja este proprietário um nobre ateniense ou um teocrata etrusco, um cidadão romano, um barão normando, um proprietário de escravos americano, um boiardo da Valáquia, um proprietário de terras moderno ou um capitalista. No entanto, é claro que, se em uma formação social econômica não é o valor de troca, mas o valor de uso do produto que predomina, o mais-trabalho é limitado por um círculo mais estreito ou mais amplo de necessidades, mas nenhuma necessidade irrestrita de mais-trabalho surge do próprio caráter da produção. Nos tempos antigos, portanto, o excesso de trabalho só se torna desesperador onde a regra passa a ser a obtenção do valor de troca em sua forma específica e independente de dinheiro, na produção de ouro e prata. O excesso de trabalho é aqui constituído pelo trabalho extenuante compulsório.

Mas assim que os povos, cuja produção ainda se move nas formas inferiores de trabalho escravo, trabalho compulsório e, assim por diante, são atraídos para um mercado mundial dominado pelo modo de produção capitalista, que desenvolve a venda de seus produtos no exterior como um interesse predominante, as atrocidades bárbaras da escravidão, da servidão, e assim por diante, são suplantadas pelo horror civilizado do excesso de trabalho. Consequentemente, a mão de obra negra nos estados do sul da União Americana manteve seu caráter patriarcal, na medida em que a produção se mantinha direcionada principalmente para as necessidades locais imediatas. No entanto, na medida em que a exportação do algodão passou a ser o interesse vital desses estados, o excesso de trabalho do negro, às vezes o consumo de sua vida em sete anos de trabalho, tornou-se um fator em um sistema calculado e calculista.

Deste ponto de vista, nada é mais característico do que a designação de trabalhadores (ingleses) que trabalham em tempo integral como "trabalhadores em período integral" e dos filhos menores de 13 anos que só podem trabalhar 6 horas como "trabalhadores em meio período". Aqui, o trabalhador nada mais é do que tempo de trabalho personificado. Todas as distinções individuais se fundem na distinção entre "trabalhadores em tempo integral" e "trabalhadores em meio período". Adquirir trabalho durante todas as 24 horas do dia é o impulso imanente da produção capitalista.

c) A luta pela jornada normal de trabalho

"O que é uma jornada de trabalho? Quão grande é o tempo durante o qual o capital pode consumir a força de trabalho, cujo valor diário ele paga? Até que ponto a jornada de trabalho pode ser estendida para além do tempo de trabalho necessário para reproduzir a própria força de trabalho?" Viu-se que o capital responde a estas questões: a jornada de trabalho conta 24 horas inteiras, desconsideradas as poucas horas de descanso sem as quais a força de trabalho pode recusar absolutamente a continuação de seu serviço. Entende-se de maneira naturalizada que o trabalhador nada mais é do que força de trabalho durante toda a sua vida, que, portanto, todo o seu tempo disponível é por natureza e de acordo com a justiça tempo de trabalho e, portanto, pertence à expansão do capital. Tempo para o desenvolvimento mental, para o cumprimento das funções sociais e para as relações sociais, para o livre divertimento de suas próprias forças físicas e mentais, até mesmo o tempo de descanso no domingo – bobagem!

Em seu impulso cego, em sua fome de lobisomem por mais-trabalho, o capital não apenas atropela a moralidade, mas até mesmo os limites máximos puramente físicos da jornada de trabalho. Ele usurpa o tempo necessário para o crescimento, o desenvolvimento e a manutenção saudável do corpo. Ele rouba o tempo necessário para o consumo de ar fresco e luz solar. Ele barganha pela hora das refeições e, se possível, incorpora-a ao próprio processo de produção, de modo que o alimento é adicionado ao trabalhador como mero meio de produção, como o carvão para a caldeira a vapor e a graxa para as máquinas. Ele reduz o sono saudável para a coleção, a renovação e o refrigério das forças físicas a tão poucas horas quanto se mostrem absolutamente indispensáveis para a reanimação de um organismo completamente exaurido. Não é a manutenção normal das forças de trabalho que determina os limites da jornada de trabalho, mas, do contrário, a maior alienação diária possível da força de trabalho, por mais compulsória e penosa que seja, é quem determina os limites do período de descanso do trabalhador. O capital não se pergunta a respeito da vida útil da força de trabalho. O que lhe interessa é apenas a quantidade máxima de força de trabalho que pode ser liquidada em uma jornada de trabalho. Ele atinge esse objetivo na medida em que encurta a vida útil do trabalhador, assim como um fazendeiro ganancioso alcança um incremento à produtividade do solo ao exaurir a sua fertilidade.

O modo de produção capitalista (essencialmente a produção de mais-trabalho, a exploração de mais-trabalho), portanto, não apenas produz a atrofia da força de trabalho humana através do prolongamento da jornada de trabalho, na medida em que usurpa desta suas condições normais, morais e físicas para o desenvolvimento e para a sua atividade; ele também produz o esgotamento prematuro e a morte da própria força de trabalho. Ele prolonga o tempo de produção do trabalhador por um determinado período através da diminuição de sua vida.

Passam-se séculos até que o trabalhador "livre", graças ao desenvolvimento do modo de produção capitalista, identifique-se voluntariamente, ou seja, que seja forçado pelas condições sociais a vender toda a sua vida ativa, de fato a sua capacidade de trabalho, ainda que em troca de seus meios de subsistência.

O que foi proclamado no século XIX, por exemplo, no estado de Massachusetts, como uma barreira estatal ao trabalho de crianças menores de 12 anos constituía a jornada normal de trabalho de artesãos adultos, servos rurais robustos e ferreiros brutos na Inglaterra de meados do século XVII.

A definição de uma jornada normal de trabalho é o resultado de séculos de luta entre o capitalista e o trabalhador.

A primeira "lei trabalhista" (23º ano de Eduardo III, 1349) encontrou seu pretexto imediato (não sua causa) na grande epidemia[12], que dizimou tanto o povo, que diz um escritor conservador: "A dificuldade de conseguir pessoas para trabalharem por condições razoáveis tornou-se insuportável".

---

12. Da chamada Peste Negra, que atingiu severamente a Inglaterra entre 1348 e 1350.

Portanto, foram definidos por lei tanto salários razoáveis como os limites de jornada de trabalho. Depois que o capital levou séculos para estender a jornada de trabalho ao seu limite máximo e, em seguida, além desse, aos limites do dia natural de 12 horas, ocorreu, pois, desmoronamento ao estilo de uma avalanche após o nascimento da indústria moderna no último terço do século XVIII. Cada barreira imposta pelo costume e pela natureza, pela idade e pelo gênero, pelo dia e pela noite foi derrubada. O capital celebrou suas orgias.

Assim que a classe operária, ludibriada pelo barulho da produção, recobrou os seus sentidos, sua resistência começou, inicialmente na Inglaterra, o berço da grande indústria. Por 30 anos, entretanto, as concessões que a classe trabalhadora conseguiu alcançar permaneceram puramente nominais. O Parlamento aprovou cinco leis trabalhistas entre 1802 e 1833, mas foi esperto o suficiente para não aprovar um centavo sequer para sua implementação para os funcionários necessários nesse processo, e assim por diante. Elas permaneceram letra morta. O fato é que, antes da lei de 1833, as crianças e os jovens eram obrigados a trabalhar indiscretamente a noite toda, o dia todo ou ambos.

A jornada normal de trabalho da indústria moderna remonta apenas ao Factory Act[13] de 1833. Nada caracteriza melhor o espírito do capital do que a história dos Factory Acts ingleses entre os anos 1833 e 1864.

---

13. Legislação regulatória do trabalho fabril na Inglaterra.

A lei de 1833 estabelecia que a jornada normal de trabalho da fábrica era das 5h30 da manhã às 8h30 da noite e, durante esse período de 15 horas de trabalho, é lícito empregar jovens com idades entre 13 e 18 anos a qualquer hora do dia, considerando que nenhum jovem trabalhe mais de 12 horas em um dia, salvo em certos casos especiais predefinidos.

Os legisladores estavam tão longe de interferir na liberdade do capital de explorar o trabalho adulto ou, como eles afirmavam, na "liberdade do trabalho", que eles inventaram um sistema especial para impedir que as consequências dos Factory Acts se tornassem excessivas.

"O grande mal do sistema fabril atualmente vigente", diz o primeiro relatório da Direção Central da Comissão Parlamentar em 25 de junho de 1833, "consiste no fato de que ele cria a necessidade de estender o trabalho infantil até os limites da jornada de trabalho dos adultos. O único remédio para esse mal, desconsiderando a limitação do trabalho dos adultos, que criaria um mal maior do que aquele a ser eliminado, parece ser o projeto de estabelecer uma dupla jornada para o trabalho infantil..."

Este plano foi executado sob o nome de regime de substituição.

Depois que os fabricantes ignoraram descaradamente todas as leis relativas ao trabalho infantil promulgadas durante os últimos 22 anos, o Parlamento decretou que, após 1º de março de 1834, nenhuma criança menor de 11 anos e, após 1º de março de 1835 nenhuma criança menor de 12 anos e, após 1º de março de 1836, nenhuma criança com menos de 13 anos, poderia trabalhar em uma fábrica por mais de 8 horas. Por outro lado, o mesmo Parlamento, que por ternura condenou crianças menores de 13 anos a trabalhar 72 horas por semana no inferno das fábricas para os donos dessas fábricas durante anos, proibiu os donos das *plantations* desde o início de deixarem um escravo negro trabalhar mais de 45 horas por semana.

Os anos de 1846 e 1847 marcaram época na história econômica da Inglaterra: as Leis dos Cereais e as tarifas alfandegárias sobre o algodão e outras matérias-primas foram abolidas; o livre comércio passou a ser o princípio norteador da legislação, em uma palavra, a chegada do império milenar. Por outro lado, o movimento do cartismo[14] e a mobilização pela jornada de 10 horas atingiram seu pico nos mesmos anos. A lei das 10 horas entrou em vigor em 1º de maio de 1848. Para melhor compreensão, devemos lembrar que nenhuma das leis fabris de 1833, 1844 e 1847 limitava a jornada de trabalho dos trabalhadores do sexo masculino maiores de 18 anos, e que desde 1833 a jornada de trabalho de 15 horas, das 5h30 da manhã às 8h30 da noite, configurava a "jornada" legal, dentro dos limites da qual as 12 horas de trabalho e pos-

---

14. Movimento operário inglês. Seu nome deve-se à chamada *Carta do Povo*, composta por William Lovett e Francis Place, e posteriormente encaminhada ao Parlamento com reivindicações dos trabalhadores.

teriormente as de 10 horas para os jovens e as mulheres deviam ser realizadas conforme as condições prescritas.

A paixão do capital pela extensão ilimitada e implacável da jornada de trabalho foi satisfeita primeiro nas indústrias, que foram as primeiras a serem transformadas pela energia hidráulica, pelo vapor e pelo maquinário, isto é, na fiação e tecelagem de algodão, de lã, de linho e de seda. As mudanças no modo de produção e as condições sociais correspondentemente alteradas dos produtores causaram primeiro as revoltas excessivas e deram origem posteriormente ao controle social que limitava legalmente a jornada de trabalho. Durante a primeira metade do século XIX, esse controle aparece apenas como uma legislação de exceção.

A história da regulação da jornada de trabalho em alguns ramos da produção e a luta contínua por tal regulação comprova que o trabalhador isolado, o trabalhador como vendedor "livre" de sua força de trabalho, sujeitava-se sem resistência a partir do momento em que a produção capitalista atingiu um certo nível. A criação de uma jornada normal de trabalho é, portanto, o produto de uma guerra civil prolongada, mais ou menos encoberta, entre as classes dos capitalistas e as classes trabalhadoras. Os operários de fábrica ingleses foram os campeões não apenas da classe trabalhadora inglesa, mas da classe trabalhadora moderna em geral, assim como seus teóricos foram os primeiros a desafiar a teoria do capital para um duelo.

A França cambaleia lentamente atrás da Inglaterra. A Revolução de Fevereiro foi necessária para estabelecer a lei das 12 horas por todo o globo, a qual é ainda mais inadequada do que a original inglês. No entanto, o método revolucionário francês tem suas vantagens especiais.

Nos Estados Unidos da América, qualquer movimento trabalhista independente permaneceu paralisado enquanto a escravidão desfigurou parte da República. O trabalho na pele branca não pode emancipar-se onde é marcado a ferro e fogo na pele negra. Da morte da escravidão imediatamente surgiu nova vida. O primeiro fruto da Guerra Civil americana foi o movimento pela jornada de 8 horas que correu com botas de sete léguas do Atlântico ao Pacífico, da Nova Inglaterra à Califórnia.

Para se "proteger" da "serpente de seus tormentos", os trabalhadores devem unir as suas cabeças e, na qualidade de classe, exigir a aprovação de uma lei que os impeça de venderem por contrato voluntário com o capital a si mesmos para a escravidão e a morte. No lugar da grandiosa lista de "direitos humanos inalienáveis" vem a modesta Magna Carta de uma jornada de trabalho legalmente limitada.

9 Taxa e quantidade de mais-valia

Ao mesmo tempo, juntamente com a taxa de mais-valia encontra-se a quantidade de mais-valia que o trabalhador individual fornece ao capitalista durante um certo período. Por exemplo, se o trabalho necessário é de 6 horas por dia, expresso em uma quantidade de ouro equivalente a 3 xelins, então 3 xelins são o valor diário de uma força de trabalho ou o valor do capital investido na compra de uma força de trabalho. Além disso, se a taxa de mais-valia for 100%, então este capital variável [capital variável é a expressão monetária para o valor total de toda a força de trabalho que o capitalista emprega ao mesmo tempo] de 3 xelins produz uma quantidade de mais-valia de 3 xelins, ou o trabalhador fornece diariamente uma quantidade de mais-trabalho de 6 horas.

A quantidade de mais-valia produzida é equivalente ao tamanho do capital variável investido inicialmente multiplicado pela taxa de mais-valia; em outras palavras, ela é determinada pela proporção composta entre a quantidade de forças de trabalho explorada simultaneamente pelo mesmo capitalista e o grau de exploração de cada força de trabalho.

Na produção de certa quantidade de mais-valia, a diminuição de um fator pode ser substituída por um aumento em outro fator. Uma diminuição do capital variável pode, portanto, ser compensada através de um aumento proporcional do grau de exploração da força de trabalho, ou a diminuição do número de trabalhadores empregados pode ser compensada por um aumento proporcional da jornada de trabalho. Portanto, dentro de certos limites, a oferta de trabalho explorável pelo capital é independente da oferta de trabalhadores. Por outro lado, uma queda na taxa de mais-valia deixa a quantidade de mais-valia produzida inalterada se a dimensão do capital variável ou o número de trabalhadores empregados aumentar na mesma proporção.

Porém, a substituição do número de trabalhadores ou da dimensão do capital variável através de um aumento na taxa de mais-valia ou uma ampliação da jornada de trabalho possui limites intransponíveis. O limite absoluto da jornada média de trabalho – que por natureza é sempre inferior a 24 horas – constitui uma barreira à substituição do capital variável reduzido por uma maior taxa de mais-valia ou de um número reduzido de trabalhadores explorados por um maior grau de exploração do trabalho.

As quantidades de valor e mais-valia produzidas por diferentes capitais comportam-se, diante de um dado valor e o mesmo grau de exploração da força de trabalho, diretamente como as quantidades dos componentes variáveis desses capitais, ou seja, seus componentes convertidos em força de trabalho viva.

Nem toda soma de dinheiro ou valor pode ser convertida em capital indiscriminadamente. Para essa conversão, um certo mínimo de dinheiro ou valor de troca deve ser pressuposto nas mãos do proprietário individual do dinheiro ou das mercadorias. O mínimo de capital variável é o preço de custo da força de trabalho individual que dia após dia é empregada na produção da mais-valia.

Se esse trabalhador possuísse seus próprios meios de produção e estivesse satisfeito em viver como trabalhador, não teria ele necessidade de trabalhar além das horas de trabalho necessárias para reproduzir seus meios de subsistência, digamos, 8 horas por dia. Ele precisaria, então, somente dos meios de produção para 8 horas de trabalho. O capitalista, por outro lado, que, além dessas 8 horas, o faz trabalhar, por exemplo, 4 horas de mais-trabalho, precisa de uma soma adicional de dinheiro para adquirir os meios de produção adicionais. Conforme nossa suposição, entretanto, ele teria que empregar dois trabalhadores para poder satisfazer suas necessidades fundamentais a partir da mais-valia usurpada cotidianamente. Nesse caso, a mera sobrevivência seria a finalidade de sua produção e não o incremento da sua riqueza; mas este último elemento está contido no modo de produção capitalista. Para que ele vivesse apenas duas vezes melhor que um trabalhador comum e para que convertesse em capital metade da mais-valia produzida, concomitantemente ao aumento do número de trabalhadores, ele teria de aumentar o mínimo do capital investido em oito vezes. Todavia, ele mesmo pode trabalhar, isto é, participar diretamente no processo de produção, mas então ele é apenas um intermediário entre um capitalista e um trabalhador, um "pequeno senhor". Um certo estágio de produção, entretanto, requer que o capitalista seja capaz de usar todo o tempo durante o qual atua como capitalista, ou seja, como a personificação do capital, na aquisição e, portanto, no controle do trabalho de outros indivíduos e na venda dos produtos desse trabalho.

No âmbito do processo de produção, como vimos, o capital adquiriu a voz de comando sobre o trabalho. O capitalista cuida para que o trabalhador realize seu trabalho regularmente e com o grau adequado de intensidade.

Além disso, o capital se desenvolveu no sentido de uma relação forçada que obriga a classe trabalhadora a realizar mais trabalho do que exige o contexto reduzido de suas próprias necessidades de vida. Como produtor da mão-de-obra alheia, como extrator de mais-trabalho e explorador de força de trabalho, ele se excede em energia, em destemperança e em eficácia a todos os sistemas de produção anteriores baseados no trabalho forçado direto.

Hoje não é mais o trabalhador que emprega os meios de produção, mas sim os meios de produção que empregam o trabalhador. Em vez de serem consumidos pelo trabalhador como elementos materiais de sua atividade produtiva, os meios de produção o consomem como o fermento de seu próprio processo de vida, e o processo de vida do capital consiste apenas em seu movimento como um valor em constante expansão, em constante multiplicação.

IV
A produção de
mais-valia relativa

10 Conceito de mais-valia relativa

Até agora, assumimos um modo de produção dado e imutável quando tratamos da mais-valia que resulta da simples extensão da jornada de trabalho. Se, entretanto, a mais-valia deve ser produzida pela conversão do trabalho necessário em mais-trabalho, não é de forma alguma suficiente para o capital assumir o processo de trabalho na forma historicamente transmitida e então simplesmente estender sua duração. Ele deve derrubar as condições técnicas e sociais do processo de trabalho, revolver o próprio modo de produção, a fim de aumentar a força produtiva do trabalho. Somente aumentando a força produtiva o valor da força de trabalho pode ser reduzido e a parte da jornada de trabalho necessária para a reprodução desse valor pode ser reduzida.

Eu chamo a mais-valia produzida pela extensão da jornada de trabalho de mais-valia absoluta. A mais-valia, por outro lado, que surge a partir de uma redução das horas de trabalho necessárias e uma mudança correspondente na relação de tamanho dos dois componentes da jornada de trabalho, eu chamo de mais-valia relativa.

Na produção capitalista, a redução da jornada de trabalho não é de forma alguma o objetivo final quando pelo aumento da produtividade ocorre uma economia de trabalho. O objetivo é apenas encurtar as horas de trabalho que são necessárias para produzir uma certa quantidade de mercadorias.

O capitalista que aplica uma metodologia de produção aperfeiçoada se apropria de uma parte muito maior da jornada de trabalho para o mais-trabalho em relação aos outros capitalistas no mesmo ramo de negócio. Por outro lado, essa mais-valia excedente desaparece assim que a nova metodologia de produção é generalizada e, como consequência, a diferença entre o valor individual da mercadoria mais barata e seu valor social desaparece.

A mesma lei da determinação do valor através do tempo de trabalho que o capitalista, que emprega a nova metodologia de produção, sente na forma de poder vender seus bens abaixo de seu valor social leva seus concorrentes a introduzir a nova metodologia como uma lei obrigatória de competição.

Para que haja uma diminuição do valor do trabalho, deve haver um aumento da produtividade do trabalho nos ramos da indústria cujos produtos determinam o valor da força de trabalho, ou seja, que pertencem à classe dos meios de subsistência habituais ou podem substituí-los. O valor das mercadorias está inversamente relacionado à produtividade do trabalho. Da mesma forma o valor da força de trabalho, porque depende das mercadorias. Por outro lado, a mais-valia relativa é diretamente proporcional à produtividade do trabalho, aumentando e diminuindo com ela. Uma mercadoria mais barata naturalmente causa somente até certo grau uma diminuição no valor da força de trabalho, uma diminuição que é proporcional à extensão em que essa mercadoria é utilizada na reprodução da força de trabalho.

11 Cooperação

A colaboração de um grande número de trabalhadores ao mesmo tempo, no mesmo local (ou, se você preferir, no mesmo campo de trabalho) para a produção do mesmo tipo de mercadoria, sob o comando do mesmo capitalista, constitui historicamente e conceitualmente o ponto de partida da produção capitalista.

Se vários trabalhadores trabalharem lado a lado no mesmo processo ou em processos de trabalho diferentes, mas relacionados, eles estarão cooperando ou trabalhando em cooperação.

Em todas as indústrias, o trabalhador individual difere do trabalhador médio. Esses desvios individuais ou "erros", como também são chamados no âmbito da matemática, anulam-se mutuamente e desaparecem quando um grande número de trabalhadores se ocupa em conjunto.

Mesmo no contexto de uma mesma forma de trabalhar, a ocupação simultânea de grande número de trabalhadores provoca uma revolução nas condições materiais do processo de trabalho (em comparação ao trabalho na oficina do artesão). Edifícios em que trabalham, armazéns para a matéria-prima, dispositivos que são utilizados simultaneamente ou um após o outro pelos trabalhadores, enfim, parte dos meios de produção passa a ser consumida conjuntamente no processo de trabalho. Por um lado, o valor de troca desses meios de produção não aumenta, pois o valor de troca de uma mercadoria não aumenta quando seu valor de uso é consumido de forma mais completa e com maior vantagem. Por outro lado, eles são usados conjuntamente e, portanto, em maior extensão do que anteriormente. Uma sala em que 20 tecelões trabalham com seus 20 teares deve ser maior do que a sala de um tecelão independente com seus dois aprendizes. Mas a construção de uma oficina para 20 pessoas custa menos trabalho do que a construção de 10 oficinas para 2 pessoas cada; assim, o valor dos meios de produção concentrados para uso compartilhado em maior escala não aumenta na proporção direta de seu tamanho e de seu efeito de utilidade incrementado. Consumidos conjuntamente, eles atribuem uma parte menor de seu valor a cada produto individual, pois o valor total é distribuído por uma quantidade maior de produtos. Como resultado, um componente do valor do capital constante diminui, ou seja, o valor total da mercadoria também diminui proporcionalmente ao seu tamanho. O efeito é o mesmo como se os meios de produção fossem produzidos de forma mais barata.

Assim como a força de ataque de um esquadrão de cavalaria ou a força defensiva de um regimento de infantaria difere significativamente da soma das forças de ataque ou defesa de cada um dos soldados de cavalaria ou de infantaria individualmente, a quantidade total de forças mecânicas que é exercida por trabalhadores individuais difere da força operada coletivamente, quando muitas mãos estão trabalhando juntas na mesma operação indivisa ao mesmo tempo. O que está em causa aqui não é apenas o aumento do poder produtivo do indivíduo por meio da cooperação, mas a criação de um novo poder, a saber, o poder coletivo.

Paralelamente à nova força que surge da fusão de muitas forças em uma única, o mero contato social na maioria das indústrias dá origem a uma concorrência e a um ímpeto para os espíritos vitais que aumentam a eficácia de cada trabalhador individual. Portanto, uma dúzia de pessoas trabalhando conjuntamente produzirá muito mais em sua jornada de trabalho coletiva de 144 horas do que 12 trabalhadores isolados, cada um dos quais trabalhando 12 horas, ou mais de uma pessoa que trabalha 12 dias consecutivos. A razão para isso advém do fato de que o ser humano, se não é um animal político, como afirma Aristóteles, então, sem dúvidas, é um animal social.

Embora certo número de trabalhadores possa exercer o mesmo tipo de trabalho ao mesmo tempo, o trabalho de cada indivíduo, como parte do trabalho coletivo, pode corresponder a uma determinada fase do processo de trabalho pela qual o objeto de seu trabalho passa, fazendo com que, como resultado da cooperação, esta passe mais rapidamente.

Por exemplo, quando os pedreiros fazem fila para trazer as pedras da base de um andaime até o seu topo, todos fazem a mesma coisa, suas atividades individuais, contudo, fazem parte da operação geral; elas formam fases especiais pelas quais cada pedra precisa passar; e desse modo as pedras são carregadas pelas 24 mãos presentes na fileira mais rapidamente do que se cada pessoa individualmente com sua carga tivesse subido e descido a escada separadamente. O mesmo objeto é transportado pela mesma distância em um tempo mais curto. Novamente, uma conjunção de trabalho ocorre assim que, por exemplo, os trabalhadores de uma construção atuam de lados diferentes ao mesmo tempo; aqui, também, os pedreiros fazem o mesmo tipo de trabalho.

Quando o trabalho é complicado, simplesmente o grande número de pessoas trabalhando juntas permite que as várias operações sejam distribuídas entre diferentes pessoas e, como resultado, sejam realizadas simultaneamente. Isso reduz o tempo de trabalho necessário para fabricar o produto em sua totalidade.

Por um lado, a cooperação permite que o trabalho seja realizado através de um espaço amplificado; portanto, ela se torna indispensável para determinados processos de trabalho. Por outro lado, ela permite, do ponto de vista espacial, uma redução do campo de trabalho através da reunião de diferentes processos de trabalho e da concentração dos meios de produção, o que conduz à eliminação de uma série de despesas inúteis.

Quando comparado com uma soma igualmente dimensionada de jornadas isoladas de trabalho individual, a jornada de trabalho combinado produz mais valor de uso e reduz o tempo de trabalho necessário para fabricar um objeto. Indiferentemente se, no caso dado, o aumento da potência produtiva é alcançado porque diferentes operações são realizadas ao mesmo tempo ou porque os meios de produção são economizados pelo seu uso comunitário ou por alguma outra razão, em todas as circunstâncias a potência produtiva específica da jornada de trabalho combinado é a força produtiva social do trabalho ou a força produtiva do trabalho comunitário. Ela surge da própria cooperação. Na atuação planejada cooperativa com os outros, o trabalhador elimina suas barreiras individuais e desenvolve suas faculdades genéricas.

O número de trabalhadores cooperantes, ou a escala dos níveis de cooperação, depende em primeiro lugar do tamanho do capital que o capitalista individual pode empregar na compra de força de trabalho.

E como acontece com o capital variável, assim também ocorre com o capital constante. A concentração de grandes quantidades de meios de produção nas mãos de capitalistas individuais é, portanto, uma condição material para a cooperação dos trabalhadores assalariados, e a extensão da cooperação ou da escala de produção depende da extensão dessa concentração.

O comando do capitalista no campo de produção se torna nesse momento tão indispensável quanto o comando do general no campo de batalha. Todo trabalho comunitário em uma escala ampliada requer mais ou menos uma direção que garanta a harmonia das atividades individuais e execute as funções gerais que surgem da atividade do organismo combinado em contraste com a atividade de cada um de seus órgãos individuais. Um único violinista é seu próprio condutor, uma orquestra necessita de um dirigente especial. Essa função de condução, de monitoramento e de mediação passa a ser função do capital tão logo o trabalho colocado sob seu controle torna-se cooperativo. Na qualidade de função do capital, a função de gestão possui características particulares.

A conexão entre seus diferentes trabalhos aparece para os trabalhadores, idealmente, como um plano preconcebido do capitalista, e, praticamente, como a autoridade do capitalista, como o poder de um querer estrangeiro que subordina a atividade dos trabalhadores ao seu propósito.

Na medida em que aumenta o número de trabalhadores empregados simultaneamente, aumenta também sua resistência diante do domínio do capital e, com isso, a necessidade de o capital superar essa resistência através de uma contrapressão. A gestão do capitalista não é apenas uma função especial decorrente da natureza do processo de trabalho social e pertencente a ele, mas, igualmente, ao mesmo tempo uma função de exploração do processo de trabalho social e, portanto, condicionada pela inevitável oposição entre o explorador e a matéria-prima viva de sua exploração. Da mesma forma, quanto maior o tamanho dos meios de produção que se colocam como propriedade de terceiros diante do trabalhador assalariado, maior a necessidade de exercer o controle sobre seu uso adequado.

Se a liderança capitalista em relação ao seu conteúdo é dupla, em virtude da dupla natureza do próprio processo de produção, que é, por um lado, um processo de trabalho social para a produção de um produto e, por outro lado, é o processo de valorização do capital, então essa liderança é despótica em sua forma. Tão logo o capital atinge aquela dimensão mínima com a qual a produção capitalista de fato tem seu início, o capitalista delega a função de vigilância imediata e constante de cada um dos trabalhadores e grupos de trabalhadores a um tipo especial de trabalhador assalariado. Assim como um verdadeiro exército, um exército industrial de trabalhadores necessita de oficiais (gerentes) e suboficiais (capatazes, supervisores) para comandar em nome do capital durante o processo de trabalho.

O capitalista não é um capitalista porque é uma liderança industrial, mas, pelo contrário, torna-se uma liderança industrial porque é um capitalista. O comando supremo na indústria é um atributo do capital, assim como, nos tempos feudais, o comando supremo na guerra e na corte judicial era um atributo da propriedade da terra.

A força produtiva que o trabalhador desenvolve como trabalhador cooperante é a força produtiva do capital. A força produtiva social dos trabalhadores se desenvolve gratuitamente assim que os trabalhadores são colocados sob certas condições, e o capital os coloca nessas condições. Como esse poder não custa nada ao capital, e porque, por outro lado, não é desenvolvido pelo próprio trabalhador até que seu trabalho pertença ao capital, esse poder parece ser dado ao capital por natureza – como sua força produtiva imanente.

A cooperação no processo de trabalho, tal como a encontramos no início do desenvolvimento humano, se baseia, por um lado, na propriedade comum dos meios de produção, por outro lado, no fato de que o indivíduo quase não se desprendeu do cordão umbilical da tribo ou da comunidade, da mesma forma que a abelha em relação à colmeia. Essas duas características distinguem a cooperação em geral da cooperação capitalista. A aplicação esporádica de cooperação em larga escala no mundo antigo, na Idade Média e nas colônias modernas baseia-se em relações imediatas de dominação e de servidão, principalmente na escravidão. A forma capitalista, por outro lado, pressupõe desde o seu início o trabalhador assalariado livre que vende sua força de trabalho ao capital. Historicamente, no entanto, essa forma se desenvolveu em contraste com a economia camponesa e o comércio artesanal independente. Em oposição a estes, a cooperação capitalista não aparece como uma forma histórica especial de cooperação, mas antes a própria cooperação aparece como uma forma histórica que é peculiar ao processo de produção capitalista, uma forma especificamente distintiva em relação a ele.

A cooperação é a primeira mudança pela qual passa o processo real de trabalho, por meio de sua subsunção ao capital. Essa mudança ocorre naturalmente. O emprego simultâneo de um grande número de trabalhadores assalariados no mesmo processo de trabalho constitui o ponto de partida da produção capitalista e é uma circunstância necessária que o acompanha.

12 Divisão do trabalho e manufatura

a) A dupla origem da manufatura

A cooperação baseada na divisão do trabalho recebe sua forma clássica na manufatura. Ela é a forma característica do processo de produção capitalista que predomina ao longo do período de manufatura real. Este período ocorre aproximadamente de meados do século XVI ao último terço do século XVIII.

A manufatura possui sua origem a partir de duas modalidades: ou os trabalhadores de vários tipos de ofícios independentes, por cujas mãos um certo produto precisa passar no trajeto até sua conclusão, encontram-se unidos em uma oficina sob o controle de um único capitalista. Uma carruagem, por exemplo, era o produto dos trabalhos de um grande número de artesãos independentes, como carpinteiros, seleiros, alfaiates, serralheiros, envernizadores, douradores, e assim por diante. A manufatura de carruagens reúne todos esses diferentes artesãos em uma única casa. É certo que não se pode dourar uma carruagem antes de ela ser feita, mas, se muitas carruagens forem feitas ao mesmo tempo, uma parte pode constantemente ser dourada. Outra grande mudança logo ocorreu. O alfaiate, o serralheiro, o fabricante de cintas, e assim por diante, que se dedicava apenas à fabricação de carruagens, foi perdendo gradativamente a habilidade de praticar seu antigo ofício em toda a sua extensão.

A manufatura, todavia, também surge de maneira exatamente oposta – a saber, um capitalista emprega simultaneamente vários artesãos em uma oficina que fazem o mesmo trabalho ou um trabalho de mesmo tipo. Todavia, rapidamente o trabalho acaba por ser compartilhado entre eles. Em vez de as diferentes operações serem executadas uma após a outra pelo mesmo artesão, elas são separadas umas das outras, e cada operação é atribuída a um artesão diferente. Do produto individual de um artesão independente, as mercadorias se tornam o produto social de uma associação de artesãos. Esta forma elaborada produz artigos que paulatinamente atravessam diversos estágios correlacionados de desenvolvimento, uma série de processos, como o arame na confecção de agulhas que passa pelas mãos de 72 e, às vezes, 92 trabalhadores parciais distintos enquanto o costureiro artesanal realiza todas essas operações.

A forma primitiva da manufatura, seu desenvolvimento a partir do artesanato, é, portanto, dupla. Por um lado, ela tem seu ponto de partida na unificação de vários artesãos independentes que se tornam (des)independentes[15] e especializados a ponto de apenas formarem suboperações mutuamente complementares no processo de produção de uma mercadoria. Por outro lado, a manufatura pressupõe a cooperação de artesãos semelhantes, ela decompõe esse trabalho manual em suas várias suboperações e as isola e as torna independentes até o ponto em que cada uma se torna a função exclusiva de um determinado trabalhador. Por um lado, a manufatura, portanto, introduz ou desenvolve a divisão dos trabalhadores em um processo de produção, por outro lado, ela unifica trabalhos manuais inicialmente distintos. Qualquer que seja seu ponto de partida particular, entretanto, a sua forma final é sempre a mesma – um mecanismo produtivo, cujas partes são seres humanos.

---

15. Em alemão *verunselbständigt*. O termo é um neologismo com base no jogo de palavras *selbständig* e *unselbständig* – independente e dependente.

Combinado ou simples, o trabalho permanece inicialmente manual e, portanto, dependente da força, habilidade, velocidade e segurança de cada trabalhador individual no manuseio de suas ferramentas. O trabalho artesanal continua sendo a base. Essa base técnica limitada exclui uma análise realmente científica do processo de produção, uma vez que cada subprocesso pelo qual o produto passa pode ser realizado manualmente e deve formar um trabalho artesanal independente à sua maneira. Precisamente porque desse modo a habilidade artesanal continua a ser a base do processo de produção, cada trabalhador se apropria exclusivamente de uma função parcial e sua força de trabalho é transformada no órgão dessa função parcial para o resto de sua vida.

b) O trabalhador parcial e sua ferramenta

É claro que um trabalhador que executa uma e a mesma operação simples por toda a vida transforma todo o seu corpo no órgão especializado automático desta operação. Como resultado, ele precisa de menos tempo para isso do que o artesão que realiza toda uma série de operações uma após a outra. O trabalhador coletivo, entretanto, consiste em uma multidão desses subtrabalhadores especializados. Comparado ao trabalho artesanal autônomo, portanto, mais é produzido em um determinado tempo ou a força produtiva do trabalho é incrementada.

Além disso, o método de trabalho parcial é aperfeiçoado depois de ter se tornado função exclusiva de uma pessoa. A repetição constante da mesma atividade limitada e a concentração da atenção nessa atividade ensinam o trabalhador, com base na experiência, a alcançar o efeito de utilidade desejado com o mínimo de esforço. Mas, como continuamente diferentes gerações de trabalhadores trabalham conjuntamente ao mesmo tempo, as habilidades técnicas obtidas dessa forma são reforçadas, acumuladas e transferidas.

A manufatura realmente produz a habilidade do trabalhador parcial, na medida em que ela reproduz dentro da oficina e leva sistematicamente ao extremo a segregação naturalmente desenvolvida dos ramos produtivos que ela encontrou na sociedade. Por outro lado, a transformação do trabalho parcial em ocupação vitalícia de um ser humano corresponde à tendência das sociedades anteriores de tornar os negócios hereditários, seja para solidificá-los em castas ou ossificá-los em corporações.

Um trabalhador artesanal que executa as várias partes do trabalho na produção de um item, uma após a outra, tem que mudar por vezes de lugar e em seguida as ferramentas. A passagem de uma operação para outra interrompe o fluxo de seu trabalho e, de certa forma, cria brechas em sua jornada de trabalho. Essas brechas tornam-se mais estreitas na medida em que ele realiza uma e a mesma operação durante todo o dia e desaparecem na medida em que as mudanças em sua operação diminuem. O aumento de produtividade resultante é devido ao aumento da alienação de trabalho ao longo de um determinado período de tempo – ou seja, aumento da intensidade de trabalho – ou a uma diminuição no consumo improdutivo de força de trabalho.

A produtividade do trabalho depende não só da eficiência do trabalhador, mas também do aperfeiçoamento de suas ferramentas. Alterações nos dispositivos utilizados anteriormente para diferentes fins tornam-se necessárias. A direção dessa mudança é determinada pelas dificuldades, que são experimentadas como resultado do emprego de dispositivos com formatos inalterados. A manufatura é caracterizada pela alteração nos instrumentos de trabalho – uma alteração na qual dispositivos de um determinado tipo recebem formas fixas para cada aplicação particular, e pela especialização desses instrumentos, de modo que cada um desses instrumentos especiais só funcione em sua totalidade nas mãos de trabalhadores parciais específicos.

c) As duas formas fundamentais da manufatura

Na medida em que a manufatura une inicialmente trabalhos artesanais dispersos, ela minimiza a separação espacial entre as várias fases da produção. O tempo de transposição de um produto de um estágio produtivo para outro é reduzido, assim como o trabalho que medeia essas transposições. Em comparação com o trabalho artesanal, ganha-se, desse modo, força produtiva. Por outro lado, a divisão do trabalho exige um isolamento das várias fases da produção e que estas se tornem independentes umas das outras. O estabelecimento e a manutenção da interrelação entre as funções isoladas exigem o transporte constante do artigo de uma mão para a outra e de um processo para o outro. Do ponto de vista da indústria mecânica moderna, essa exigência surge como uma desvantagem característica e dispendiosa de fabricação.

Dado que o produto parcial de cada trabalhador parcial é, ao mesmo tempo, apenas uma fase especial de desenvolvimento do mesmo artigo, cada trabalhador ou cada grupo de trabalhadores fornece seu produto como matéria-prima a outro grupo de trabalhadores. O resultado do trabalho de um constitui o ponto de partida para o trabalho do outro. Portanto, um trabalhador emprega imediatamente o outro. O tempo de trabalho necessário para atingir o benefício desejado em cada processo parcial é determinado com base na experiência, e o mecanismo geral da manufatura é baseado no pré-requisito de que um determinado resultado seja alcançado em um determinado tempo de trabalho. Só sob esta condição os diferentes processos de trabalho mutuamente complementares podem continuar ininterruptos, simultaneamente e próximos uns dos outros.

Esta dependência direta do trabalho e, portanto, dos trabalhadores entre si obriga cada indivíduo a usar o mínimo tempo necessário para desempenhar sua função, e assim é gerada uma continuidade, uniformidade, regularidade, ordem e até intensidade de trabalho completamente diferente daquela encontrada no trabalho artesanal independente ou mesmo de simples cooperação. A regra de que apenas o tempo de trabalho socialmente necessário para sua produção é usado em uma mercadoria parece ser o mero efeito da competição na produção de mercadorias porque, expresso superficialmente, cada produtor individual precisa vender a mercadoria pelo seu preço de mercado. Já na manufatura, a entrega de uma determinada quantidade de produtos em um determinado tempo passa a ser a lei técnica do próprio processo de produção.

A divisão do trabalho na manufatura não só simplifica e multiplica as partes qualitativamente diferentes do trabalhador coletivo social, mas também cria uma relação matematicamente fixa para a extensão quantitativa dessas partes – ou seja, para o número relativo de trabalhadores ou o tamanho relativo do grupo de trabalhadores em cada operação parcial. Com a estrutura qualitativa, ela desenvolve uma regra quantitativa e uma proporcionalidade do processo de trabalho social.

Na época da manufatura, o princípio da minimização do tempo de trabalho necessário à produção de mercadorias foi deliberadamente formulado: e aqui e ali desenvolveu-se o emprego de máquinas, nomeadamente para determinados processos iniciais simples que deviam ser realizados em grande escala e com grande esforço. Em geral, no entanto, as máquinas desempenharam o papel secundário que Adam Smith atribui a elas ao lado da divisão do trabalho.

O trabalhador coletivo formado a partir da união de muitos trabalhadores parciais continua sendo o mecanismo característico do período manufatureiro. As várias operações que o produtor de uma mercadoria realiza alternadamente e que se entrelaçam ao longo da progressão do processo de trabalho impõem a ele variadas demandas. Ele deve desenvolver mais força em uma operação; em outra, mais habilidade; e em uma terceira, mais atenção, e o mesmo indivíduo não possui essas qualidades na mesma intensidade. Depois que a manufatura separou as diferentes operações, tornando-as independentes e isolando-as, os trabalhadores são separados, classificados e agrupados de acordo com suas características predominantes. Se, por um lado, suas características naturais formam a base sobre a qual a divisão do trabalho é construída, a manufatura, uma vez introduzida, desenvolve neles novas potências que, por natureza, só se adaptam a funções limitadas e especiais. O trabalhador coletivo possui agora todas as qualidades necessárias para a produção na mesma intensidade e as aliena da maneira mais econômica, na medida em que emprega todos os seus órgãos, que consistem em trabalhadores individuais ou grupos de trabalhadores, exclusivamente em vista de suas funções especiais. A unilateralidade e a imperfeição do trabalhador parcial transformam-se em sua perfeição quando ele se torna parte do trabalhador coletivo. O hábito de uma função unilateral o transforma em um instrumento que emana confiabilidade, enquanto a unidade do mecanismo geral o força a trabalhar com a regularidade de uma peça de máquina. Visto que o trabalhador coletivo possui tanto funções simples como compostas, tanto altas quanto baixas, seus membros, as forças de trabalho individuais, requerem diferentes níveis de treinamento e, portanto, possuem valores diferentes. A manufatura desenvolve, portanto, uma hierarquia de forças de trabalho à qual corresponde uma escala graduada de salários.

Além disso, a manufatura cria em cada trabalho artesanal que ela alcança uma classe de trabalhadores chamados não qualificados, os quais as oficinais artesanais rigorosamente excluíam. Quando ela desenvolve com perfeição a especialidade unilateral à custa da capacidade de trabalho total de um ser humano, ela também começa a transformar a carência absoluta de desenvolvimento em uma especialidade. Além da gradação hierárquica, origina-se a simples divisão dos trabalhadores em trabalhadores qualificados e não qualificados. Para os últimos, os custos de aprendizagem são completamente eliminados, para os primeiros são menores do que para o artesão. A queda no valor da força de trabalho, causada pela eliminação ou minimização do custo do aprendizado, inclui imediatamente um aumento da mais-valia em favor do capital; pois tudo que reduz o tempo de trabalho necessário para reproduzir a força de trabalho amplia o campo do mais-trabalho.

d) O caráter capitalista da manufatura

O corpo de trabalho, composto a partir de muitos trabalhadores parciais individuais, pertence ao capitalista. A força produtiva resultante da combinação dos trabalhadores aparece, portanto, como a força produtiva do capital.

Se o trabalhador vende originalmente sua força de trabalho ao capital porque lhe faltam os meios materiais para a produção de uma mercadoria, a sua força de trabalho nega ao trabalhador que foi deformado e transformado em trabalhador parcial o cumprimento de sua tarefa, tão logo ela não seja vendida ao capital. Ela funciona somente em um contexto que só passa a existir após sua venda na oficina do capitalista. Tornada incapaz de realizar algo independente, o operário da manufatura desenvolve atividades produtivas unicamente na qualidade de acessório da oficina capitalista.

A fim de tornar o trabalhador coletivo e, por meio dele, o capital, rico em poder produtivo social, foi necessário que todo trabalhador se tornasse pobre em poder produtivo individual. O trabalhador parcial não produz mercadorias. Isso caracteriza a divisão manufatureira do trabalho e a distingue essencialmente da divisão do trabalho no contexto da sociedade. Somente o produto comum dos trabalhadores parciais se transforma em mercadoria. A divisão do trabalho no âmbito da sociedade é mediada através da compra e venda dos produtos de vários ramos de trabalho; a interconexão do trabalho parcial na manufatura, por outro lado, dá-se através da venda de diferentes forças de trabalho ao mesmo capitalista que as emprega como força de trabalho combinado. A divisão manufatureira do trabalho pressupõe a concentração dos meios de produção nas mãos de um capitalista; a divisão social do trabalho pressupõe a fragmentação dos meios de produção entre muitos produtores de mercadorias mutuamente interdependentes. A divisão social do trabalho já existia muito antes da divisão manufatureira do trabalho. As leis da guilda, no entanto, sistematicamente impediram, através da restrição do número de aprendizes que poderiam ser empregados por um único mestre de guilda, a transformação deste em capitalista. De maneira similar, ele só poderia empregar aprendizes unicamente na atividade artesanal da qual ele mesmo era um mestre. A guilda repeliu zelosamente qualquer usurpação do capital mercantil, a única forma livre de capital que se lhe opunha. O mercador poderia adquirir qualquer mercadoria, exceto trabalho como mercadoria. Ele era tolerado somente como distribuidor dos produtos de trabalho. Se as circunstâncias externas resultassem em uma divisão progressiva do trabalho, as guildas existentes se dividiam ou novas guildas se estabeleciam ao lado das antigas. A organização da guilda eliminou a divisão de trabalho de caráter manufatureiro. O trabalhador e seus meios de produção permanecem intimamente ligados, como o caracol com a sua concha, e assim falta a primeira base da manufatura, a independência dos meios de produção como capital em relação ao trabalhador.

A divisão manufatureira do trabalho cria inicialmente as condições para que o capital governe sobre o trabalho. Se, por um lado, ela aparece, portanto, como um progresso histórico e como uma etapa necessária do desenvolvimento do processo de formação econômica da sociedade, por outro ela se coloca como um método de exploração refinado e civilizado. No entanto, ao longo do período em que a manufatura é a forma predominante do modo de produção capitalista, a implementação plena desse método encontra muitos obstáculos. Embora a manufatura adapte as operações individuais aos diferentes graus de maturidade, robustez e desenvolvimento de seus órgãos vivos de trabalho e, portanto, incite a exploração produtiva de mulheres e crianças, essa tendência muitas vezes falha devido aos hábitos e resistência dos trabalhadores do sexo masculino. Embora a decomposição do trabalho de caráter artesanal reduza o custo da educação e, portanto, o valor dos trabalhadores, um período mais longo de aprendizagem continua sendo necessário para o trabalho parcial difícil e é zelosamente mantido pelos trabalhadores, mesmo quando é supérfluo. O capital está constantemente lutando contra a insubordinação dos trabalhadores. A reclamação sobre a falta de disciplina dos trabalhadores esteve presente durante todo o período manufatureiro. Mesmo se não tivéssemos os testemunhos de escritores contemporâneos, o simples fato de que desde o século XVI até a época das grandes indústrias não foi possível ao capital controlar todo o tempo de trabalho disponível dos trabalhadores das manufaturas, o fato de que as manufaturas tiveram vida curta e com a imigração e emigração dos trabalhadores abandonaram um local e se estabeleceram em outro, somente isso preencheria diversos volumes.

Além disso, a manufatura não conseguia apreender a produção social em sua totalidade, nem a revirar em sua profundidade. Ela culminou como uma obra de arte econômica sobre a ampla base do trabalho artesanal urbano e da indústria doméstica rural. Em um certo nível de desenvolvimento, sua estreita base técnica entrou em conflito com as necessidades de produção que ela própria havia criado.

Uma de suas formações mais aperfeiçoadas, no entanto, era a oficina para a produção dos próprios instrumentos de trabalho, incluindo os dispositivos mecânicos mais complicados já em uso. Esta oficina, produto da divisão manufatureira do trabalho, por sua vez produzia máquinas, e estas acabam por abolir a atividade de caráter artesanal como princípio regulador da produção.

13 Maquinário e indústria moderna

a) Desenvolvimento do maquinário

John Stuart Mill afirma em seu *Princípios de economia política*: "É questionável se todas as invenções mecânicas feitas até agora aliviaram os problemas do dia a dia de qualquer ser humano".

No entanto, esse não é de modo algum o propósito da máquina empregada de forma capitalista. Supõe-se que ela torne as mercadorias mais baratas e que encurte a parte da jornada de trabalho de que o trabalhador necessita para a reprodução de sua força de trabalho, a fim de distender a outra parte da jornada de trabalho, que ele oferece ao capitalista gratuitamente. Ela é um meio para a produção da mais-valia.

Na manufatura, a transformação do modo de produção toma a força de trabalho como ponto de partida; na indústria moderna, os meios de trabalho. Portanto, devemos primeiro investigar como o meio de trabalho é transformado de uma ferramenta em uma máquina ou de que maneira a máquina difere do dispositivo de trabalho artesanal.

Todo o maquinário desenvolvido consiste em três partes essencialmente diferentes: o mecanismo de movimento, o mecanismo de transmissão e, finalmente, a máquina-ferramenta ou máquina de trabalho. O mecanismo de movimento põe tudo em movimento. O mecanismo de transmissão regula o movimento, muda sua forma quando necessário (por exemplo, de linear para circular) e distribui e transfere o movimento para as máquinas de trabalho. A máquina-ferramenta ou máquina de trabalho é a parte da maquinaria a partir da qual começou a revolução industrial do século XIX. Até os dias atuais, ela constitui o ponto de partida sempre que uma empresa artesanal ou uma empresa manufatureira se transforma em uma indústria movida a máquinas.

Através de um exame mais detalhado da máquina de trabalho propriamente dita, geralmente reencontramos, embora muitas vezes de uma forma muito diferente, os aparelhos e ferramentas com os quais o artesão ou operário das manufaturas trabalhava, mas agora como ferramentas de um mecanismo ou como ferramentas mecânicas em vez de ferramentas dos seres humanos. Ou a máquina inteira é apenas uma versão mais ou menos modificada de um antigo dispositivo de trabalho artesanal, como, por exemplo, é o caso do tear mecânico, ou as peças de trabalho que foram encaixadas na estrutura da máquina são velhas conhecidas, como fusos na máquina de fiar, as agulhas no tear para confecção de meias, as serras na máquina de serrar e as facas na picotadeira.

A partir do momento em que a ferramenta propriamente dita é tomada do ser humano e incorporada em um mecanismo, a máquina se torna um mero dispositivo. A diferença vem à mente imediatamente, mesmo nos casos em que o ser humano continua sendo a principal força do movimento. O número de instrumentos que ele mesmo pode usar ao mesmo tempo é limitado pelo número de seus próprios instrumentos de produção natural, ou seja, o número de órgãos de seu corpo.

Na Alemanha, buscou-se inicialmente fazer um fiandeiro trabalhar concomitantemente em duas rocas, ou seja, desejava-se que o fiandeiro trabalhasse simultaneamente com as duas mãos e os dois pés. Isso era muito exaustivo. Mais tarde, foi inventada uma roca movida a pedal com dois fusos, mas os virtuosos da fiação, que podiam fiar dois fios ao mesmo tempo, eram quase tão raros quanto seres humanos com duas cabeças. Por outro lado, desde a época de sua invenção, Jenny[16] fiava com 12 a 18 fusos, e o tear para fabricação de meias tricota com muitos milhares de agulhas de uma só vez. A quantidade de ferramentas que uma máquina pode fazer trabalhar ao mesmo tempo está desde o primeiro instante livre das barreiras orgânicas que existem para as ferramentas de um artesão.

A expansão do escopo da máquina de trabalho e do número de suas ferramentas operando simultaneamente exige um mecanismo de acionamento de grande capacidade, e este mecanismo requer uma força motriz mais poderosa do que a força humana para superar a inércia. Foi apenas a partir da invenção da segunda máquina a vapor por James Watt, chamada de máquina a vapor de dupla ação, que foi desenvolvido um primeiro motor que gera sua própria energia através do consumo de água e carvão, e cuja energia está totalmente sob o controle de seres humanos, que é móvel e também meio de movimento, que é urbano e não rural, como era a roda d'água, e que permite a concentração da produção nas cidades em vez de se espalhar pela zona rural, como aqui o caso da roda d'água. A grandeza do gênio de Watt fica evi-

---

16. Jenny, ou Spinning Jenny, é o nome da primeira máquina de fiar multifios, inventada no século XVIII na Inglaterra por James Hargreaves [N.T.].

dente na especificação da patente que ele protocolou em abril de 1784. Nesta especificação, sua máquina a vapor não é descrita como uma invenção para um propósito específico, mas como uma ferramenta universalmente aplicável na indústria mecânica.

O mecanismo de movimento cresce com o número de máquinas que precisam ser movidas ao mesmo tempo, e o mecanismo de transmissão se torna um aparelho que se expande em grande escala. Passemos agora à distinção entre a cooperação de muitas máquinas do mesmo tipo e um sistema de máquina. Em relação ao primeiro caso, o produto é fabricado inteiramente por uma única máquina. Quer se trate de uma mera reprodução de uma ferramenta manual complicada ou uma combinação de vários dispositivos simples tornados específicos no contexto da manufatura, na fábrica, em todo caso, a cooperação simples sempre reaparece, e essa cooperação nos aparece inicialmente como uma concentração espacial de máquinas de tipo semelhante operando simultaneamente. Um sistema de máquinas propriamente dito, no entanto, apenas toma o lugar da máquina independente individual, onde o objeto de trabalho passa por uma série coerente de processos de etapas diferentes, que são realizados por uma cadeia de máquinas diferentes, mas complementares. Aqui temos novamente a divisão do trabalho peculiar à manufatura, mas agora como uma combinação de máquinas de trabalho parciais.

A máquina coletiva, agora um sistema organizado de várias máquinas individuais e grupos delas, torna-se tanto mais perfeita quanto mais contínuo for o seu processo, ou seja, com quanto menos interrupções a matéria-prima passa de sua primeira fase à sua última, com outras palavras, tanto mais quanto em vez de pela mão humana, é o próprio mecanismo que promove que a matéria-prima seja transportada de uma fase de produção para a outra.

Na manufatura, o isolamento de cada subprocesso é condicionado pela natureza da divisão do trabalho; na fábrica totalmente desenvolvida, todavia, prevalece a continuidade desses processos.

Assim que uma máquina, sem ajuda humana, realiza todos os movimentos necessários para o processamento da matéria-prima e requer apenas manutenção humana, temos diante de nós um sistema automático do maquinário.

A forma mais desenvolvida de produção por máquinas é um sistema de máquina organizado, que recebe seu movimento por meio de um mecanismo de transmissão de um autômato central. Em vez da máquina individual, aparece aqui um monstro mecânico, cujo corpo preenche fábricas inteiras, e cuja força demoníaca, inicialmente oculta pelos movimentos medidos quase solenemente de seus membros gigantes, finalmente irrompe na dança de rodopios febris de seus incontáveis órgãos de trabalho.

Assim como a máquina individual permanece diminuída enquanto for movida apenas pela força humana, assim como o sistema de máquinas não pôde se desenvolver livremente antes que a máquina a vapor tomasse o lugar das forças motrizes anteriores – os animais, o vento, a água –, assim a indústria moderna se encontrava paralisada em todo o seu desenvolvimento, enquanto seu meio de produção característico, a máquina, devia sua existência à força e habilidade pessoais; pois tanto tempo a penetração da máquina em novos ramos de produção permaneceu condicionada pelo crescimento de uma categoria de trabalhadores que, devido à natureza seminarística de sua profissão, só poderia ser aumentada gradualmente e não através de grandes saltos. A indústria moderna, portanto, necessitou apoderar-se de seus meios de produção característicos e produzir máquinas por meio de máquinas. Só então ela passou a se sustentar sobre os próprios pés.

Na manufatura, a estrutura do processo de trabalho social é ainda uma combinação subjetiva de trabalhos parciais. A indústria moderna, por outro lado, possui um organismo de produção totalmente objetivo, o qual o trabalhador encontra pronto como uma condição material de produção. O maquinário funciona apenas por meio do trabalho completamente socializado ou colaborativo. O caráter cooperativo do processo de trabalho aqui se torna uma necessidade técnica ditada pela própria natureza do meio de trabalho.

b) Transferência de valor da máquina para o produto

Como todos os outros componentes do capital constante, a máquina não produz nenhum valor novo, mas oferece seu próprio valor ao produto em cuja produção ela atua. A máquina agrega tanto valor ao produto quanto ela mesma perde, em média, com o seu desgaste. Dada a proporção em que a máquina transfere valor ao produto, o tamanho dessa parte do valor depende do valor total da máquina. Quanto menos trabalho ela contiver, tanto menos valor agregará ao produto. Quanto menos valor ela transfere, mais produtiva ela é e tanto mais seu serviço se aproxima daquela das forças da natureza. A produtividade de uma máquina é, portanto, medida pelo grau em que ela substitui a força de trabalho humano.

Considerado exclusivamente como meio de baratear o produto, o limite para o emprego de máquinas é dado pelo imperativo de que sua própria produção custe menos trabalho do que o trabalho que sua aplicação substitui. Para o capitalista, entretanto, esse uso é ainda mais limitado. Uma vez que ele não paga pelo trabalho empregado, mas apenas pelo valor da força de trabalho empregada, o uso das máquinas é limitado para ele pela diferença entre o valor da máquina e o valor da força de trabalho que ela substitui.

c) Efeitos da operação da máquina no trabalhador
Trabalho feminino e trabalho infantil

Na medida em que a maquinaria torna a força muscular dispensável, ela se torna um meio de empregar trabalhadores que possuem menos força muscular ou um desenvolvimento físico imaturo, mas que apresentam maior flexibilidade dos membros. O trabalho feminino e infantil foi, portanto, o carro-chefe na aplicação capitalista da máquina.

Esse imenso substituto do trabalho e do trabalhador transformou-se a partir de então em um meio de incrementar o número de trabalhadores assalariados, através da classificação de todos os membros da família da classe trabalhadora, independentemente de sexo ou idade, sob a subordinação imediata do capital. O trabalho forçado para o capitalista não somente se infiltrou nesse meio substituindo as brincadeiras infantis, mas também o trabalho livre na esfera doméstica.

O valor da força de trabalho era determinado não apenas pelas horas de trabalho necessárias para a subsistência do trabalhador adulto individual, mas também pelas horas de trabalho necessárias para a manutenção da família da classe trabalhadora.

Na medida em que a maquinaria lança todos os membros da família da classe trabalhadora no mercado de trabalho, ela distribui o valor da força de trabalho da pessoa por toda a sua família. Portanto, ela desvaloriza o seu trabalho. A fim de que uma família possa viver, é preciso agora que quatro pessoas não trabalhem, mas também alienem mais-trabalho para o capitalista. Assim, vemos que, com a expansão do material humano, o campo mais intrínseco de exploração do capital, a maquinaria aumenta concomitantemente o grau de exploração.

Anteriormente, o trabalhador vendia sua própria mão de obra, que possuía como pessoa formalmente livre. Agora ele vende sua esposa e filho. Ele se tornou um traficante de escravos.

"Minha atenção", diz um inspetor de fábrica inglês em 1858, por exemplo, "foi atraída para um anúncio no jornal local de uma das cidades manufatureiras mais importantes do meu distrito: Procura-se de 12 a 20 meninos, não mais jovens do que se possam passar por tendo pelo menos 13 anos etc. A frase, 'que se possam passar por tendo pelo menos 13 anos', refere-se ao fato de que de acordo com a legislação sobre trabalho fabril, menores de 13 anos só podem trabalhar 6 horas".

De acordo com os resultados de uma investigação médica oficial no ano de 1861, o aumento da mortalidade infantil nos distritos industriais ingleses origina-se principalmente pela ocupação das mães fora do ambiente doméstico e à negligência e ao abuso das crianças que resulta dessas condições e, não menos importante, à alienação entre mãe e filho.

A degradação moral causada pela exploração capitalista de mulheres e crianças foi tratada exaustivamente por Friedrich Engels em sua obra *A situação da classe trabalhadora na Inglaterra* além de outros escritores, de modo que creio aqui ser necessário meramente mencioná-los.

Extensão da jornada de trabalho

Quando a maquinaria é o meio mais poderoso de aumentar a produtividade do trabalho, isto é, de encurtar o tempo de trabalho necessário para a produção de uma mercadoria, ela se torna o meio mais poderoso nas mãos do capital no contexto das indústrias que por ela foram tomadas, para estender a jornada de trabalho para além de todos os limites naturais.

O tempo de vida útil de uma máquina depende da duração da jornada de trabalho ou da duração do processo de trabalho diário, multiplicado pelo número de dias em que o processo de trabalho se repete.

O desgaste do material da máquina é duplo. Um surge a partir de seu uso, da mesma forma como moedas se desgastam ao circular, o outro desgaste surge de seu não uso, assim como uma espada que é deixada enfiada em sua bainha enferruja.

Além do desgaste material, a máquina também está sujeita, por assim dizer, a um desgaste moral. Ela perde valor de troca seja por conta de máquinas de mesma construção, mas que podem ser produzidas com menor custo, ou por meio de máquinas melhores que surgem em concorrência com ela. Em ambos os casos, seu valor é determinado pelo tempo de trabalho necessário para sua própria reprodução ou para a reprodução da máquina de melhor qualidade. Portanto, ela perdeu mais ou menos valor. Quanto mais curto o período em que seu valor total é reproduzido, tanto menor o perigo de desgaste moral; e quanto maior for a jornada de trabalho, menor será esse período. Quando o maquinário foi introduzido pela primeira vez, novos métodos e menos custos para a sua reprodução e seu melhoramento se seguiram ininterruptamente, os quais afetaram não apenas as peças individuais, mas também toda a sua construção. No primeiro período de sua existência, portanto, este motivo particular para o prolongamento da jornada de trabalho atua de modo mais intenso.

O desenvolvimento do sistema fabril vincula um componente cada vez maior do capital de uma forma que pode, por um lado, utilizar a si mesmo continuamente e, por outro, perde valor de uso e valor de troca assim que seu contato com o trabalho vivo é interrompido. A maquinaria produz mais-valia relativa não somente na medida em que desvaloriza a força de trabalho direta e indiretamente por conta do barateamento das mercadorias utilizadas para a sua reprodução, mas também na medida em que converte o trabalho empregado pelo proprietário da máquina em um trabalho de maior grau e maior eficiência quando de sua primeira introdução esporádica; e ainda na medida em que aumenta o valor social do artigo produzido acima de seu valor individual e, assim, permite ao capitalista substituir o valor diário da força de trabalho por uma parte de valor do produto diário. Durante esse período de transição, enquanto o uso da máquina permanece uma espécie de monopólio, os lucros são, portanto, extraordinários.

Com a generalização da maquinaria em um ramo da indústria, o valor social do produto cai para o seu valor individual e a lei passa a imperar, a qual afirma que a mais-valia não surge da força de trabalho que foi substituída pela máquina, mas da força de trabalho que é empregada nesta máquina.

A mais-valia surge apenas da parte variável do capital e, para uma dada duração da jornada de trabalho, a taxa de mais-valia é determinada pela razão em que a jornada de trabalho é dividida entre trabalho necessário e mais-trabalho. O número de trabalhadores empregados ao mesmo tempo depende, por sua vez, da relação entre a parte variável e a parte constante do capital. Desse modo torna-se claro que a produção por meio de máquinas, independentemente de como ela, através da ampliação da força produtiva do trabalho, expande o mais-trabalho à custa do trabalho necessário, produz esse resultado somente na medida em que ela reduz o número de trabalhadores empregados por um determinado capital. Ela transforma uma parte do capital que antes era variável, ou seja, convertido em força de trabalho viva, em máquinas, ou seja, em capital constante que não produz nenhuma mais-valia. É impossível, por exemplo, extrair tanta mais-valia de dois trabalhadores quanto de 24. Se cada um dos 24 trabalhadores entrega apenas uma hora de trabalho extra em 12 horas, eles juntos entregam 24 horas de trabalho extra, enquanto a totalidade de trabalho dos dois trabalhadores é de apenas 24 horas. Há, portanto, uma contradição inerente na aplicação de máquinas para a produção de mais-valia: na medida em que dos dois fatores de mais-valia que um capital de um determinado tamanho oferece, ela aumenta um fator, a taxa de mais-valia, somente na medida em que o outro fator, o número de trabalhadores, é reduzido. Essa contradição se torna aparente assim que, com a generalização da maquinaria em um determinado ramo da indústria, o valor da mercadoria produzida pela máquina passa a ser o valor regulador de todas as mercadorias do mesmo tipo, e é essa contradição que por sua vez impulsiona o capital a aumentar forçosamente a jornada de trabalho, a fim de compensar a redução no número relativo de trabalhadores explorados, pelo aumento não somente do mais-trabalho relativo, mas também do mais-trabalho absoluto.

Se, portanto, o emprego capitalista da maquinaria cria, por um lado, novos motivos poderosos para o prolongamento excessivo da jornada de trabalho e convulsiona a própria forma de trabalhar, assim como o caráter do organismo de trabalho social, de tal forma que a resistência a esta tendência se esfacela, por outro lado ela produz, em parte pelo emprego do capital de estratos anteriormente inacessíveis da classe trabalhadora – em parte pela libertação dos trabalhadores deslocados pela máquina –, uma população operária supérflua, que deve se deixar ser ditada pela lei do capital. Daí a estranha ocorrência na história moderna da indústria de que a máquina derrube todas as barreiras morais e naturais da jornada de trabalho. Daí o paradoxo econômico de que o meio mais poderoso para a redução da jornada de trabalho se torna o meio mais infalível de tornar o tempo de vida adicional do trabalhador e de sua família disponível ao capitalista com o propósito de aumentar o valor de seu capital.

Intensificação do trabalho

Nem é preciso reafirmar que, com o avanço da operação mecânica e a experiência acumulada de uma classe particular de operários de máquinas, a velocidade e a intensidade do trabalho aumentam de maneira natural. Desse modo, na Inglaterra, durante meio século, o prolongamento da jornada de trabalho acompanhou o aumento da intensidade do trabalho fabril. No entanto, inevitavelmente deve ser alcançado o ponto em que a extensão da jornada de trabalho e a intensidade do trabalho se tornam mutuamente excludentes, de modo que a ampliação da jornada de trabalho seja compatível somente com um nível inferior de intensidade e, inversamente, um nível ampliado de intensidade é compatível unicamente com a redução da jornada de trabalho. Assim que a indignação gradualmente crescente da classe trabalhadora forçou o Estado a encurtar forçosamente as horas de trabalho e, antes de tudo, a ditar uma jornada normal de trabalho à própria fábrica, isto é, a partir daquele momento em que o aumento da produção de mais-valia pela extensão da jornada de trabalho foi interrompido uma vez e por todas, o capital se dedicou à produção de mais-valia relativa por meio do desenvolvimento acelerado do sistema de máquinas.

Ao mesmo tempo, houve uma mudança na natureza da mais-valia relativa. A hora mais intensiva da jornada de trabalho de 10 horas contém tanto ou mais trabalho, ou seja, trabalho alienado, do que a hora mais porosa da jornada de trabalho de 12 horas. O produto da primeira, portanto, tem tanto ou mais valor do que o produto da segunda.

Como o trabalho é intensificado?

O primeiro efeito da jornada de trabalho reduzida encontra-se depositado na lei naturalizada de que a eficácia da força de trabalho está inversamente relacionada à duração do seu efeito. Portanto, dentro de certos limites, ganha-se em relação ao grau de sua expressão de força proporcionalmente ao que se perde em relação à duração. Tão logo a redução da jornada de trabalho se torna obrigatória por lei, a máquina nas mãos do capital torna-se o meio empregado objetiva e sistematicamente, a fim de extorquir mais trabalho no mesmo período de tempo. Isso ocorre de duas maneiras: através do aumento na velocidade das máquinas e da expansão da quantidade de maquinário a ser monitorado por um trabalhador.

Uma construção incrementada das máquinas é necessária em parte para exercer maior pressão sobre o trabalhador, em parte porque as horas de trabalho reduzidas obrigam o capitalista a monitorar de maneira estrita os custos de produção. O aprimoramento da máquina a vapor aumentou a velocidade do pistão e, ao mesmo tempo, possibilitou, por meio do melhor aproveitamento da potência com a mesma ou até menor quantidade de carvão, o acionamento de mais máquinas com a mesma máquina a vapor. As melhorias no mecanismo de transmissão reduziram o atrito, reduziram o tamanho e o peso do eixo a um mínimo, que segue continuamente diminuindo. Finalmente, os aprimoramentos nas máquinas de trabalho aumentam a sua velocidade e sua eficiência, como nos modernos teares mecânicos, ao mesmo tempo que reduzem seu tamanho, ou, ao aumentar o tamanho de sua estrutura de trabalho, elas aumentam as dimensões e o número de peças de trabalho, como no caso das máquinas de fiação, ou aumentam a velocidade dessas peças de trabalho através de pequenas alterações.

Os fiscais de fábrica já confessaram que a redução da jornada de trabalho deu origem a uma intensidade de trabalho prejudicial à saúde dos trabalhadores, ou seja, à própria força de trabalho. Não há a menor dúvida de que a tendência do capital, tão logo a ampliação da jornada de trabalho lhe tenha sido proibida de uma vez por todas pela lei, buscará compensação através de um aumento sistemático da intensidade do trabalho e através do emprego de cada melhoria da máquina como meio de maior expropriação da força de trabalho, o que levará em breve a um ponto de inflexão, onde mais uma vez a redução da jornada de trabalho se tornará inevitável. Naquele momento (1867), a agitação em favor das 8 horas já havia começado entre os trabalhadores da fábrica em Lancashire.

A fábrica

Com as ferramentas de trabalho manual, a habilidade do operário no seu manuseio também é transferida para a máquina. O desempenho da ferramenta é emancipado dos limites pessoais da força de trabalho humano. Com isso, elimina-se a base técnica sobre a qual se baseia a divisão do trabalho na manufatura. No lugar da hierarquia de trabalhadores especializados que caracteriza a manufatura, surge na fábrica automatizada, portanto, a tendência ao igualamento e nivelamento dos trabalhos que os auxiliares das máquinas têm de realizar; no lugar das diferenças artificialmente criadas entre os trabalhadores parciais, entra em cena a diferença natural de idade e sexo.

Da especialidade vitalícia de guiar uma determinada ferramenta, vê-se surgir a especialidade vitalícia de operar uma máquina parcial. O maquinário é abusado, a fim de transformar o trabalhador em uma parte de uma máquina parcial desde a sua primeira infância.

Na manufatura e no trabalho manual, o operário faz uso da ferramenta, na fábrica ele é usado pela máquina. Lá procede dele o movimento dos equipamentos de trabalho, movimento esse que ele é obrigado a seguir na fábrica. Na manufatura, os trabalhadores formam os membros de um mecanismo vivo. Na fábrica existe um mecanismo morto, independente dos trabalhadores, e eles são incorporados a este mecanismo como apêndices vivos.

Enquanto o trabalho da máquina ataca o sistema nervoso ao extremo, ele simultaneamente suprime o jogo multifacetado dos músculos e confisca toda atividade física e mental livre. Até mesmo a facilitação do trabalho se torna uma provação, pois a máquina não liberta o trabalhador do trabalho, mas rouba todo o conteúdo do trabalho. Toda a produção capitalista tem em comum que não são os trabalhadores que empregam os instrumentos de trabalho, mas os instrumentos de trabalho que empregam o trabalhador. Todavia, é somente na fábrica que essa reversão se torna uma realidade tecnicamente tangível. Através de sua transformação em autômato, o meio de trabalho coloca-se diante do trabalhador durante o próprio processo de trabalho como capital, como trabalho morto que controla e esvazia a força de trabalho viva.

A subordinação técnica do trabalhador sob o curso uniforme do equipamento de trabalho e a composição peculiar do corpo de trabalho a partir de indivíduos de ambos os sexos e diferentes etapas etárias criam uma disciplina como em um quartel que se desenvolve em um regime de fábrica completo e o trabalho do superintendente mencionado anteriormente – isto é, ao mesmo tempo, a divisão dos trabalhadores entre trabalhadores manuais e supervisores de trabalho, entre soldados industriais comuns e sargentos industriais – desenvolve-se totalmente. O código da fábrica, baseado no qual o capital formula sua autocracia sobre seus trabalhadores, é apenas a caricatura capitalista da regulação social do processo de trabalho, que se torna necessária com a cooperação em larga escala e o uso da máquina. No lugar do chicote do senhor de escravos está o código penal do capataz. Fourier está errado em chamar as fábricas de "*Bagnos*[17] abrandados"?

d) A luta entre o trabalhador e a máquina

A luta entre o capitalista e o trabalhador assalariado começa na própria relação do capital. Ela causa agitação durante todo o período manufatureiro. Mas é apenas a partir da introdução do maquinário que o trabalhador tem lutado contra os próprios meios de trabalho, a personificação material do capital. Ele se revolta contra essa forma peculiar dos meios de produção como base material do modo de produção capitalista.

No século XVII, quase toda a Europa viveu as revoltas dos trabalhadores contra o *Bandwebstuhl*[18]. Uma serraria eólica construída por um holandês perto de Londres sucumbiu aos tumultos da população. Everet mal havia instalado a primeira máquina de corte de lã movida a água em 1758, quando ela foi prontamente

---

17. *Bagnos* indicam, em francês, instituições penais de trabalhos forçados [N.T.].

18. *Bandwebstuhl* pode ser traduzido como tear de fitas. Trata-se de um equipamento desenvolvido na Prússia do século XVII para a produção de até seis faixas de tecido simultaneamente [N.T.].

incendiada por 100.000 pessoas que haviam ficado desempregadas. A tremenda destruição de máquinas nos distritos manufatureiros ingleses durante os primeiros 15 anos do século XIX, que se tornou conhecida como o movimento ludista, deu aos governos um pretexto para as medidas violentas mais reacionárias. Custou aos trabalhadores tempo e experiência para que aprendessem a distinguir entre a maquinaria e seu uso pelo capital e passassem a direcionar seus ataques não contra os meios materiais de produção, mas contra a maneira como eram usados.

Como máquina, os equipamentos de trabalho competem imediatamente com o próprio trabalhador. Onde a máquina gradualmente se apodera de um ramo da indústria, ela produz uma miséria crônica na classe trabalhadora que com ela compete. Onde a transição é rápida, parece aguda e massiva. O equipamento de trabalho mata o trabalhador. Esse contraste direto parece mais tangível quando o maquinário recém-introduzido concorre com a oficina artesanal ou com as manufaturas.

Na indústria moderna, o aprimoramento constante das máquinas e o desenvolvimento do sistema automático apresentam um efeito análogo. Em 1860, no auge da indústria algodoeira inglesa, quem teria sonhado com as melhorias frenéticas nas máquinas e as consequentes demissões de trabalhadores, as quais foram provocadas ao longo dos três anos seguintes sob o aguilhão da Guerra Civil americana? De 1861 a 1868, o número de fusos aumentou em 1.612.541, enquanto o número de operários diminuiu em 50.505.

O maquinário é a arma mais poderosa para a supressão das greves e daquelas revoltas periódicas da classe trabalhadora contra a autocracia do capital. Desde o início, a máquina a vapor foi um adversário da força de trabalho humano, um adversário que possibilitou ao capitalista ignorar as crescentes demandas dos trabalhadores que ameaçavam o recém-nascido sistema fabril com uma crise. Toda uma história poderia ser escrita sobre invenções surgidas desde 1830 para prover o capitalista com armas contra as revoltas da classe trabalhadora.

e) Repulsão e atração de trabalhadores pela operação da máquina

As contradições e oposições inseparáveis da utilização capitalista do maquinário não existem como tais, pois não surgem do maquinário, mas sim da utilização capitalista! É um fato indubitável que o próprio maquinário não é responsável por "libertar" os trabalhadores dos seus meios de subsistência.

Em relação direta à massa crescente de matérias-primas, produtos semiacabados, instrumentos de trabalho, e assim por diante, que a produção mecanizada fornece, com um número relativamente pequeno de trabalhadores, o processamento dessas matérias-primas e produtos semiacabados é dividido em inúmeras subespécies e, assim, a diversidade dos ramos sociais de produção aumenta. O sistema fabril desenvolve a divisão social do trabalho incomensuravelmente mais além do que a manufatura, porque aumenta o poder produtivo das profissões tomadas por ele a um grau muito maior.

O resultado imediato do maquinário é aumentar a mais-valia e a quantidade de produtos em que a mais-valia está incorporada. E na medida em que a substância da qual se alimentam a classe dos capitalistas e seus agregados torna-se mais abundante, aumentam também as classes sociais. Sua riqueza crescente e o número relativamente reduzido de trabalhadores necessários para produzir os meios de subsistência necessários geram, junto com novas necessidades de luxo, concomitantemente os meios para a sua satisfação. Uma parte maior do produto social é transformada em produto excedente, e uma parte maior do produto excedente é fornecida em formas mais elaboradas e multifacetadas para consumo. Em outras palavras, a produção de luxo cresce. Finalmente, o poder produtivo extraordinariamente ampliado da indústria moderna, acompanhado como está por uma exploração mais intensiva e mais extensiva da força de trabalho em todas as demais esferas da produção, permite que uma parte cada vez maior da classe trabalhadora seja empregada de forma improdutiva e, desse modo, que os antigos escravos domésticos ressurjam em uma extensão cada vez maior sob a alcunha de "classe servidora".

O aumento dos meios de produção e dos meios de subsistência com um número relativamente decrescente de trabalhadores provoca uma maior demanda de mão de obra em ramos industriais cujos produtos, como canais, docas de mercadorias, túneis, pontes, e assim por diante, só darão frutos em um futuro distante. Assim surgem ramos de produção inteiramente novos e, portanto, novas áreas de trabalho, como resultado direto da operação mecânica ou da correspondente revolução industrial geral.

Enquanto o sistema fabril em qualquer ramo da indústria se expandir à custa das antigas oficinas artesanais ou das manufaturas, seu sucesso será tão certo quanto o sucesso de um exército armado com fuzis diante de um exército de arqueiros. Este primeiro período, durante o qual a máquina conquista o seu campo de ação, apresenta uma importância fundamental em vistas do extraordinário lucro que ajuda a produzir. No entanto, tão logo o sistema fabril tenha alcançado uma certa amplitude e um certo grau de maturidade, e especialmente tão logo sua base técnica, a maquinaria, seja ela própria produzida por um maquinário, assim que a produção de carvão e ferro, as indústrias metalúrgicas e os meios de transporte foram revolucionados, em suma, tão logo as condições gerais requeridas para a produção de acordo com o sistema industrial moderno se estabelecem, esse modo de produção adquire uma elasticidade, uma capacidade de expansão repentina e em grandes saltos, que não conhece obstáculos exceto o seu fornecimento com matérias-primas e a limitação do mercado de venda. Por um lado, o maquinário provoca um incremento na disponibilização de matéria-prima. Por outro lado, o baixo custo dos artigos produzidos pelo maquinário e os melhores meios de transporte e de comunicação fornecem as armas para a conquista de mercados estrangeiros. Em todos os países onde a indústria moderna lançou suas raízes, ela impulsiona a emigração e a colonização de territórios estrangeiros por meio do constante "excedente" de trabalhadores, territórios que se transformam em filiais para a produção de matérias-primas para a metrópole. Com isso, tem origem uma nova divisão internacional do trabalho, que se adapta às exigências dos principais centros da indústria moderna e transforma uma parte do globo terrestre em uma área de produção essencialmente agrícola para o abastecimento da outra parte. Esse desenvolvimento está relacionado a convulsões na economia agrícola, que não precisamos investigar mais a fundo aqui.

A expansibilidade enorme e intermitente do sistema fabril, assim como sua dependência do mercado internacional, geram necessariamente uma produção febril e a consequente saturação dos mercados, que trazem consigo contração e paralisação. A existência da indústria moderna se transforma em uma sequência de períodos de vivacidade medíocre, prosperidade, superprodução, crise e estagnação. A incerteza e a instabilidade a que a operação mecânica sujeita o emprego e, desse modo, a situação de vida do trabalhador tornam-se normais com esta mudança de período do ciclo industrial. Desconsiderando-se os tempos de prosperidade, existe entre os capitalistas uma luta feroz por sua parte no mercado.

O aumento no número de operários nas fábricas deve-se a um crescimento proporcionalmente muito mais rápido do capital total investido nas fábricas. Esse processo ocorre apenas dentro dos períodos de fluxo e refluxo do ciclo industrial de prosperidade e crise. Além disso, ele é sempre interrompido pelo progresso técnico, que por vezes praticamente substitui os trabalhadores enquanto outras vezes de fato os elimina. Essa mudança qualitativa na indústria mecânica remove constantemente trabalhadores da fábrica ou fecha seu portão para o novo fluxo de recrutas, enquanto a mera expansão quantitativa das fábricas devora novos contingentes paralelamente àqueles que são expulsos. Os trabalhadores são, desse modo, constantemente repelidos e atraídos, arremessados de um lado para outro.

f) Revolucionamento do artesanato e do trabalho doméstico por meio da indústria moderna

A produção em todos os outros ramos da indústria não apenas se expande com o desenvolvimento da instituição fabril, mas também muda o seu caráter. Isso vale não só para toda a produção conjunta em grande escala, quer ela empregue maquinário ou não, mas também para a chamada indústria doméstica, seja ela realizada nas residências privadas dos trabalhadores ou em pequenas oficinas. Essa indústria doméstica chamada moderna nada tem a ver com a indústria doméstica de modo antigo, que pressupõe a existência de um trabalho artesanal urbano independente, uma economia agrícola autossuficiente e, sobretudo, uma casa para o trabalhador e sua família, exceto o nome. Essa indústria doméstica foi agora transformada no departamento externo da fábrica, da manufatura ou do depósito de mercadorias. Além dos operários de fábrica, dos operários da manufatura e dos operários artesãos, que agrupa em grande número e comanda diretamente, o capital move um outro exército, de trabalhadores domésticos, por meio de fios invisíveis espalhados nas grandes cidades e por todo o campo.

A economização[19] dos meios de produção, que inicialmente foi sistematicamente desenvolvida pelo sistema fabril, e que gerou concomitantemente desde o início o mais implacável desperdício de força de trabalho e o roubo dos pressupostos normais da função de trabalho, volta agora seu lado destrutivo e homicida tanto mais, quanto menos, em determinado ramo industrial, a força produtiva social do trabalho e as bases técnicas dos processos de trabalho combinados se encontram desenvolvidas.

A exploração no contexto do trabalho doméstico é mais desavergonhada porque a capacidade de resistên-

---

19. Optou-se pelo neologismo "economização" – como ato de tornar economicamente interessante – em oposição à economia, que não reflete necessariamente a criação de um interesse econômico sobre o processo produtivo [N.T.].

cia dos trabalhadores diminui em face de sua fragmentação; porque toda uma série de parasitas predatórios se aglomeram entre o empregador de fato e o trabalhador; porque o trabalho doméstico compete em toda parte com oficinas mecânicas ou, pelo menos, oficinas manufatureiras do mesmo ramo da produção; porque a pobreza rouba aos trabalhadores domésticos o espaço, a luz, a ventilação, e assim por diante, e, finalmente, porque neste último refúgio daqueles tornados "supérfluos" pela indústria e agricultura modernas a competição entre os trabalhadores atinge o nível mais elevado.

g) A legislação fabril

A legislação fabril, esta primeira reação consciente e sistemática da sociedade ao desenvolvimento espontâneo de seu processo produtivo, é igualmente um produto necessário da indústria moderna, tanto quanto o fio de algodão e o telégrafo elétrico.

Enquanto a legislação fabril regulamenta apenas o trabalho nas fábricas e oficinas manufatureiras, ela aparece como uma mera interferência nos direitos de exploração do capital. Qualquer regulamentação do chamado "trabalho doméstico", por outro lado, apresenta-se imediatamente como uma interferência direta na autoridade dos pais, algo de que o sensível Parlamento inglês por muito tempo se esquivou. A violência dos fatos, no entanto, obrigou-nos finalmente a reconhecer que a indústria moderna, juntamente com a base econômica do antigo sistema familiar e o trabalho familiar a ele correspondente, também dissolve as velhas relações familiares propriamente ditas. Os direitos das crianças tiveram que ser proclamados.

A necessidade de transformar a lei fabril de uma lei excepcional, direcionada para as fiações e tecelagens mecânicas, em lei que diz respeito à produção social como um todo surgiu a partir do desenvolvimento histórico da indústria moderna. A forma tradicional de manufatura, trabalho artesanal e trabalho doméstico é totalmente alterada pela indústria moderna. O trabalho artesanal e o trabalho manufatureiro são constantemente transferidos para as fábricas, enquanto o trabalho doméstico é realizado em buracos de miséria, onde as atrocidades mais enlouquecedoras da exploração capitalista comandam seu jogo livremente. Duas circunstâncias, no entanto, acabaram por se demonstrar decisivas: primeiro, a experiência repetida de que, assim que o capital se percebe sujeito ao controle do Estado em um dado ponto, ele compensa a si mesmo de forma ainda mais desmedida em outros pontos; em segundo lugar, o clamor dos próprios capitalistas por igualdade de condições de competição, ou seja, por restrições iguais à exploração do trabalho.

Se a generalização da legislação fabril se tornou inevitável como meio físico e intelectual de proteção para a classe trabalhadora, ela, por outro lado, acelera a transformação de numerosas pequenas oficinas espalhadas em indústrias com processos de trabalho combinados em grande escala, portanto, ela acelera a concentração de capital e o domínio inconteste do sistema fabril. Ela destrói todas as formas antigas e transitórias, atrás das quais o domínio do capital ainda está parcialmente oculto, e as substitui por seu governo direto e indisfarçado. Ao fazer isso, ela também generaliza a luta direta contra esse domínio. Enquanto ela impõe uniformidade, regularidade, ordem e economia nas oficinas individuais, ela aumenta, através do imenso incentivo que as limitações e regulamentações da jornada de trabalho oferecem à técnica, a anarquia e as catástrofes da produção capitalista em sua totalidade, a intensidade do trabalho e a competição do maquinário com o trabalhador. Juntamente com as esferas das pequenas oficinas e do trabalho doméstico, ela destrói o último refúgio da "população excedente" e, com isso, a única válvula de segurança existente até então de todo o mecanismo social. Em conjunto com as condições materiais e a combinação social do processo de produção, ela amadurece as contradições e antagonismos de sua forma capitalista, portanto, ao mesmo tempo, os elementos de formação de uma nova sociedade e as forças revolucionárias da velha sociedade.

h) A indústria moderna e a economia agrária

Na agricultura, o uso da máquina está em grande parte isento das desvantagens físicas, as quais dele decorrem para o operário da fábrica, mas aqui tem um efeito ainda mais intenso e sem contraposição à "criação de um quadro de excedentes" entre os trabalhadores. Nos Estados Unidos da América do Norte, as máquinas agrícolas, observa-se, estão apenas potencialmente substituindo os trabalhadores, ou seja, elas permitem ao produtor cultivar uma área maior, mas não afugentam os trabalhadores empregados de fato (como na Inglaterra).

Na esfera da economia agrícola, a grande indústria tem, até certo ponto, um efeito revolucionário na medida em que elimina o camponês, o baluarte da velha sociedade (em muitos lugares), e o substitui pelo trabalhador assalariado. Os contrastes sociais do campo são, portanto, equiparados com os da cidade. Além disso, o modo de produção capitalista com a preponderância cada vez maior da população urbana, que ele reúne em grandes centros, aumenta a força motriz histórica da sociedade; todavia, destrói ao mesmo tempo a troca de elementos entre o ser humano e a terra, assim como destrói a saúde física dos trabalhadores urbanos e a vida intelectual dos trabalhadores agrícolas.

A oficina baseada nas tradições e na organização irracional está (cada vez mais) sendo substituída pela aplicação consciente e tecnológica da ciência, mas na economia agrícola como na indústria a transformação capitalista do processo produtivo surge ao mesmo tempo como martírio do produtor e a organização social do processo de trabalho como opressão organizada de sua vitalidade individual, de sua liberdade e de sua independência. A dispersão dos trabalhadores agrícolas em áreas maiores também quebra sua capacidade de resistência, enquanto a concentração aumenta tal capacidade entre os trabalhadores urbanos. Como na indústria urbana, na agricultura moderna o aumento da produtividade do trabalho é adquirido pela devastação da própria força de trabalho. Além disso, nem todo avanço na agricultura capitalista é somente um avanço na arte de expropriar o trabalhador, mas também na arte de roubar o solo; todo avanço no aumento da fertilidade do solo por um determinado período de tempo é, ao mesmo tempo, um avanço na ruína das fontes permanentes dessa fertilidade. Quanto mais um país conta com a indústria moderna como base de seu desenvolvimento, como, por exemplo, os Estados Unidos, mais rápido é esse processo de destruição. A produção capitalista, portanto, apenas desenvolve a tecnologia e a combinação do processo de produção social, na medida em que soterra as fontes de toda a riqueza – a terra e o trabalhador.

V
A produção de mais-valia absoluta e mais-valia relativa

14 Mais-valia absoluta e mais-valia relativa

Com o caráter cooperativo do processo de trabalho, o conceito de trabalho produtivo e do portador desse trabalho, o trabalhador produtivo, necessariamente se expande. Para trabalhar de forma produtiva, não é mais necessário realizar o trabalho com suas próprias mãos; basta ser um órgão do trabalhador coletivo, basta desempenhar qualquer uma de suas subfunções. Por outro lado, entretanto, o conceito de trabalho produtivo se estreita. O trabalhador somente é produtivo se produz a mais-valia para o capitalista e, desse modo, se trabalha para a expansão do capital. O conceito de trabalho produtivo, portanto, não inclui apenas uma mera relação entre atividade e utilidade, entre trabalhador e produto do trabalho, mas também uma relação especificamente social de produção, uma relação que surgiu historicamente e que marca o trabalhador como meio direto de produção de mais-valia.

A extensão da jornada de trabalho para além do ponto em que o trabalhador teria produzido unicamente um equivalente para o valor de sua força de trabalho, e a apropriação desse mais-trabalho pelo capital – isto é a produção da mais-valia absoluta. Ela forma a base geral do sistema capitalista e o ponto de partida para a produção da mais-valia relativa. Para aumentar o mais-trabalho, o trabalho necessário é reduzido através de métodos por meio dos quais o equivalente dos salários é produzido em um tempo mais reduzido. A produção de mais-valia absoluta gira apenas em torno da duração da jornada de trabalho; a produção de mais-valia relativa revoluciona totalmente os processos técnicos do trabalho.

A partir de determinados pontos de vista, a diferença entre a mais-valia absoluta e a mais-valia relativa parece ilusória. A mais-valia relativa é absoluta, pois ela requer uma extensão absoluta da jornada de trabalho mais ampla do que a jornada de trabalho necessária à subsistência do trabalhador. A mais-valia absoluta é relativa, porque ela requer um desenvolvimento da produtividade do trabalho, a qual permite limitar o tempo de trabalho necessário a apenas uma parte da jornada de trabalho. Mas, se observarmos atentamente o movimento da mais-valia, essa aparência de identidade desaparece. Assim que o modo de produção capitalista foi estabelecido e se tornou um modo de produção generalizado, a diferença entre a mais-valia absoluta e a mais-valia relativa se torna perceptível.

Se assumirmos que o trabalho é pago de acordo com seu valor, então nos deparamos com a seguinte alternativa: dada a produtividade do trabalho e seu grau normal de intensidade, a taxa de mais-valia só pode ser aumentada através de um prolongando efetivo da jornada de trabalho; por outro lado, dado um determinado limite da jornada de trabalho, a taxa de mais-valia só pode ser aumentada através de uma mudança relativa nas dimensões de seus componentes, ou seja, do trabalho necessário e do mais-trabalho, o que, por sua vez, pressupõe uma mudança na produtividade ou na intensidade do trabalho, posto que os salários não devem cair abaixo do valor da força de trabalho.

A despeito da forma mais ou menos desenvolvida da produção social, a produtividade do trabalho permanece atrelada às condições naturais. As condições naturais são economicamente divididas em duas grandes classes: abundância natural de meios de subsistência, ou seja, fertilidade do solo e abundância natural de meios de trabalho, como rios navegáveis, metais, carvão, e assim por diante. Condições naturais favoráveis, porém, proporcionaram sempre somente a possibilidade, nunca a realidade do mais-trabalho, ou seja, da mais-valia ou do mais-produto. As diferentes condições naturais acarretam que a mesma quantidade de trabalho em diferentes países satisfaz necessidades diferentes, de modo que, em circunstâncias de outro modo análogas, as horas de trabalho necessárias são diferentes. Essas condições atuam sobre o mais-trabalho somente como limites naturais, ou seja, determinando o ponto a partir do qual o trabalho para os outros pode começar. Todavia, na medida em que a indústria avança, essa barreira natural acaba cedendo seu lugar.

15 Variação na dimensão do preço da força de trabalho e da mais-valia

Partindo do pressuposto de que as mercadorias são vendidas pelo seu valor, que, além disso, o preço da força de trabalho ocasionalmente sobe acima de seu valor, mas nunca cai abaixo dele, vimos que a dimensão relativa da mais-valia e do preço da força de trabalho é determinada por três fatores:

1) pela duração da jornada de trabalho ou pela extensão da dimensão do trabalho;

2) pela intensidade normal do trabalho ou sua dimensão intensiva, através da qual uma determinada quantidade de trabalho é consumida em um determinado tempo;

3) pela produtividade do trabalho.

É bastante claro que combinações muito diferentes são possíveis. As principais combinações são as seguintes:

I – A duração da jornada de trabalho e a intensidade do trabalho são constantes. A produtividade do trabalho é mutável.

II – A jornada de trabalho é constante. A produtividade do trabalho é constante. A intensidade do trabalho é mutável.

III – A produtividade e intensidade do trabalho são constantes. A duração da jornada de trabalho é variável.

IV – Há mudanças simultâneas na duração, produtividade e intensidade do trabalho.

16 Diferentes fórmulas para a taxa de mais-valia

A taxa de mais-valia é representada pelas seguintes fórmulas:

I.
$$\frac{\text{Mais-valia (m)}}{\text{Capital variável (v)}} = \frac{\text{Mais-valia}}{\text{Valor da força de trabalho}}$$
$$= \frac{\text{Mais-valia}}{\text{Trabalho necessário}}$$

As duas primeiras fórmulas representam, enquanto proporção de valores, a proporção que é representada na terceira fórmula como sendo de períodos espaço-temporais em que esses valores foram produzidos. Essas fórmulas, que se complementam mutuamente, são conceitualmente corretas.

Na economia política clássica, encontramos as seguintes fórmulas derivadas:

II.

$$\frac{\text{Mais-trabalho}}{\text{Jornada de trabalho}} = \frac{\text{Mais-valia}}{\text{Valor do produto}} = \frac{\text{Mais-produto}}{\text{Produto total}}$$

Aqui, a mesma proporção é expressa como a proporção de horas de trabalho, como proporção de valores em que essas horas de trabalho estão incorporadas e em proporção de produtos em que esses valores existem.

Em todas essas fórmulas (II), o grau real de exploração do trabalho ou a taxa de mais-valia está incorretamente expresso. Seja a jornada de trabalho de 12 horas. Nesse caso, o grau real de exploração do trabalho, se alguém fizer as mesmas suposições apresentadas através dos exemplos anteriores, é representado nas seguintes proporções:

$$\frac{6 \text{ horas de mais-trabalho}}{6 \text{ horas de trabalho necessário}} = \frac{3 \text{ xelins de mais-valia}}{3 \text{ xelins de capital variável}} = 100\%$$

Da Fórmula II, obtemos algo completamente diferente:

$$\frac{6 \text{ horas de mais-trabalho}}{12 \text{ horas de jornada de trabalho}} = \frac{3 \text{ xelins de mais-valia}}{6 \text{ xelins de mais-valia gerada}} = 50\%$$

Na realidade, essas fórmulas derivadas expressam apenas a relação em que a jornada de trabalho, ou o valor por ela produzido, é dividida entre o capitalista e o trabalhador. Se tivessem de ser tratadas como expressões diretas do grau de autoexpansão do capital, a seguinte lei equivocada se aplicaria: o mais-trabalho ou a mais-valia nunca podem chegar a 100%. Uma vez que o mais-trabalho constitui apenas uma parte da jornada de trabalho que aumenta sem um resto ou que a mais-valia é apenas uma parte do valor gerado que aumenta sem um resto, o mais-trabalho deve necessariamente ser sempre menor que a jornada de trabalho ou a mais-valia sempre menos do que o valor total gerado. A relação mais-trabalho/jornada de trabalho ou mais-valia/valor produzido nunca pode atingir o limite de 100/100 e ainda menos pode subir para $(100 + x)/100$. Todavia, isso é possível à taxa de mais-valia, o verdadeiro grau de exploração do trabalho.

Existe ainda uma terceira fórmula, qual seja:

III.

$$\frac{\text{Mais-valia}}{\text{Valor da força de trabalho}} = \frac{\text{Mais-trabalho}}{\text{Trabalho necessário}}$$

$$= \frac{\text{Trabalho não remunerado}}{\text{Trabalho remunerado}}$$

De acordo com a explicação apresentada anteriormente, a fórmula trabalho não remunerado/trabalho remunerado não se pode deixar induzir pelo equívoco de que o capitalista paga pelo trabalho e não pela força de trabalho. O capitalista paga o valor da força de trabalho e em troca recebe a disposição sobre a força de trabalho viva propriamente dita. O usufruto dessa força de trabalho é dividido em dois períodos. Durante um dos períodos, o trabalhador produz apenas um valor, o qual equivale ao valor de sua força de trabalho. Desse modo, o capitalista recebe um produto do mesmo preço. Durante o período de mais-trabalho, por outro lado, o usufruto da força de trabalho produz um valor para o capitalista que não lhe custa nenhum valor equivalente. Nesse sentido, o mais-trabalho pode ser considerado como trabalho não remunerado.

O capital não é, portanto, como afirma Adam Smith, o poder de ordenamento sobre o trabalho. Ele é essencialmente o poder de ordenamento sobre o trabalho não remunerado. Toda mais-valia, independentemente em que forma (lucro, juros ou aluguel), pode mais tarde se cristalizar, é em sua substância a materialização do tempo de trabalho não remunerado. O segredo da autoexpansão do capital se dissolve na disposição que possui sobre uma certa quantidade de trabalho não remunerado de outras pessoas.

VI
Os salários

17 Transformação de valor, ou melhor, de preço da força de trabalho em salários

Na superfície da sociedade burguesa, o salário do trabalhador aparece como o preço do trabalho, uma certa quantidade de dinheiro que é paga por uma certa quantidade de trabalho. O que aparece diante do dono do dinheiro diretamente no mercado não é, portanto, o trabalho, mas o trabalhador. O que este último vende é sua força de trabalho. Assim que o seu trabalho realmente começa, esta força de trabalho já deixou de lhe pertencer e, consequentemente, não pode mais ser vendida por ele. O trabalho é a substância e a medida imanente dos valores, mas ele mesmo não possui nenhum valor.

A forma de salário obscurece qualquer vestígio da divisão da jornada de trabalho em trabalho necessário e mais-trabalho, em trabalho remunerado e trabalho não remunerado. Todo trabalho aparece como trabalho remunerado.

No trabalho escravo, mesmo aquela parte da jornada de trabalho, a qual o escravo utiliza apenas para substituir o valor de seus próprios meios de subsistência, na medida em que ele trabalha de fato apenas para si mesmo, mesmo essa parte aparece como trabalho para seu senhor. Todo trabalho escravo aparece como trabalho não remunerado. Por outro lado, no caso do trabalho assalariado, mesmo o mais-trabalho ou o trabalho não remunerado aparecem como trabalho remunerado.

Tomemos o ponto de vista de um trabalhador que, em troca de 12 horas de trabalho, recebe o valor que é gerado ao longo de 6 horas de trabalho, hipoteticamente 3 xelins. Para ele, de fato, o seu trabalho de 12 horas é o meio para adquirir 3 xelins. O valor de sua força de trabalho pode variar com o valor de seus meios de subsistência habituais de 3 a 4 xelins para mais ou de 3 a 2 xelins para menos, ou se o valor da força de trabalho permanecer o mesmo, seu preço pode subir para 4 xelins ou até cair para 2 xelins como resultado de mudanças nas relações entre oferta e demanda, ele sempre aliena 12 horas de trabalho. Cada mudança no tamanho do equivalente que ele recebe necessariamente aparece para ele como uma mudança no valor ou no preço de suas 12 horas de trabalho.

Por outro lado, considere o capitalista. Ele quer tanto trabalho quanto possível com o mínimo de dinheiro possível. Na prática, ele só está interessado na diferença entre o preço da força de trabalho e o valor que a função desta gera. Mas ele tenta comprar todas as mercadorias o mais barato possível e em todos os lugares se explica seu lucro a partir do simples embuste, da realização da compra abaixo e da venda acima do valor. Ele não chega, portanto, à conclusão de que, se algo como o valor do trabalho realmente existisse e se ele realmente pagasse esse valor, não existiria nenhum capital, que seu dinheiro não se transformaria em capital.

18 O salário por tempo

A venda da força de trabalho ocorre por um determinado período de tempo. A forma transformada em que o valor diário, o valor semanal, e assim por diante, da força de trabalho se representa é, portanto, a dos salários por tempo, ou seja, dos salários diários, e assim por diante.

A soma de dinheiro que o trabalhador recebe pela sua jornada de trabalho diário ou sua jornada de trabalho semanal constitui a soma monetária nominal ou o valor estimado de acordo com seu salário. É claro, porém, que dependendo da duração da jornada de trabalho, ou seja, dependendo da quantidade de trabalho que ele entrega cotidianamente, o mesmo salário diário ou semanal pode representar um preço muito diferente para o trabalho. No caso de salários por tempo, devemos, portanto, diferenciar novamente entre a quantidade total de salários diários ou semanais, e assim por diante, e o preço do trabalho. Então, como você encontra esse preço, ou seja, o valor monetário de uma determinada quantidade de trabalho?

O preço médio do trabalho é obtido na medida em que se divide o valor médio diário da força de trabalho pelo número médio de horas da jornada de trabalho. O preço da hora trabalhada encontrado dessa forma serve como uma medida unitária para o preço do trabalho.

Os salários diários, os salários semanais, e assim por diante, podem permanecer os mesmos, embora o preço do trabalho possa cair continuamente. Inversamente, o salário diário ou o salário semanal pode aumentar, embora o preço do trabalho permaneça constante ou mesmo venha a cair. Como uma lei geral segue-se que dada uma determinada quantidade de trabalho diário, semanal, e assim por diante, o salário diário ou semanal depende do preço do trabalho, o qual varia ele mesmo, seja com o valor da força de trabalho ou com a diferença entre seu preço e seu valor. Se, por outro lado, o preço do trabalho é dado, o salário diário ou semanal depende da quantidade de trabalho diário ou semanal.

Se o salário por hora de trabalho for fixado de tal forma que o capitalista não se comprometa a pagar um salário diário ou semanal, mas se comprometa apenas a pagar as horas de trabalho durante as quais conforme seu gosto deseja empregar o trabalhador, ele pode empregá-lo por um tempo inferior ao que originalmente constituiu a base sobre a qual foi calculada a estimativa do salário por hora ou a unidade de medida do preço do trabalho.

Ele agora pode explorar uma certa quantidade de mais-trabalho do trabalhador, sem oferecer-lhe as horas de trabalho necessárias para a sua subsistência. Ele pode destruir qualquer regularidade de emprego e, inteiramente de acordo com sua própria conveniência, arbitrariedade e interesse momentâneo, deixar alternar entre o excesso mais monstruoso de trabalho e o desemprego relativo ou absoluto. Sob o pretexto de pagar "o preço normal do trabalho", ele pode prolongar de maneira anômala a jornada de trabalho sem qualquer compensação correspondente para o trabalhador.

Na medida em que o salário diário ou semanal aumenta, o preço do trabalho pode permanecer nominalmente constante e ainda assim cair abaixo de seu nível normal. Isso ocorre sempre que a jornada de trabalho é prolongada para além da sua duração normal com um preço de trabalho constante (calculado por hora). É um fato amplamente conhecido que quanto mais longa a jornada de trabalho em um ramo da indústria, menores são os salários.

As mesmas circunstâncias que permitem ao capitalista alongar permanentemente a jornada de trabalho, primeiro lhe conferem a capacidade e, finalmente, forçam-no a baixar o preço do trabalho também em termos nominais, até que o preço total correspondente ao número de horas incorporadas caia, ou seja, o salário diário ou salário semanal.

Essa disposição sobre quantidades anômalas de trabalho não remunerado, ou seja, quantidades que sobrepujam o nível social médio, torna-se um meio de competição entre os próprios capitalistas. Parte do preço das mercadorias consiste no preço do trabalho. A parte não paga do preço do trabalho pode ser presenteada ao comprador das mercadorias. Esse é o primeiro passo, ao qual a concorrência conduz. Desse modo, um preço de venda anomalamente baixo da mercadoria é formado inicialmente de maneira esporádica, tornando-se gradualmente fixo, o qual a partir desse momento se torna a base de salários miseráveis, da mesma maneira que era originalmente um produto dessas circunstâncias.

19 O salário por peça

Os salários por peça nada mais são do que a forma transformada de salários por tempo. No caso de salários por tempo, o trabalho é medido em termos de sua duração imediata; no caso de salários por peça, é medido em relação à quantidade de produto na qual o trabalho foi incorporado durante um determinado período de tempo. Não se trata, portanto, de medir o valor da peça com base no tempo de trabalho nele incorporadas, mas, inversamente, trata-se de medir as horas de trabalho do trabalhador com base nas peças por ele produzidas.

Os salários por peça fornecem ao capitalista uma medida definida da intensidade do trabalho. Apenas o tempo de trabalho, que se incorpora numa quantidade de mercadorias previamente determinada e definida experimentalmente, conta como tempo de trabalho socialmente necessário e é remunerado como tal. A qualidade do trabalho é controlada aqui pela própria obra, que deve ser de perfeição média, a fim de que o preço unitário seja pago integralmente. Deste ponto de vista, os salários por peça tornam-se a fonte mais fértil de deduções salariais e embuste capitalista.

Uma vez que a qualidade e a intensidade do trabalho são controladas aqui pela própria forma do salário, ela torna supérflua grande parte da supervisão do trabalho. Os salários por peça, portanto, constituem a base do "trabalho doméstico" moderno.

No caso dos salários por período trabalhado, com poucas exceções, os mesmos salários prevalecem para o mesmo tipo de trabalho, enquanto no salário por peça o preço do tempo de trabalho é medido, certamente, por uma determinada quantidade de produto; o salário diário ou semanal, todavia, varia com o tempo de trabalho individual. Diversidade de trabalhadores, dentre os quais um fornece apenas o mínimo do produto em um determinado tempo, o outro, a média, um terceiro, mais que a média. Em relação à receita real, grandes diferenças surgem aqui, dependendo das diferentes habilidades, da diferente força, de acordo com a energia, a perseverança, e assim por diante, de cada trabalhador. Naturalmente, isso não causa nenhuma mudança na relação geral entre capital e trabalho assalariado. Em primeiro lugar, as diferenças individuais se equilibram para a oficina em sua totalidade, de modo que em um determinado período de trabalho ela entrega o produto médio e o salário total pago será o salário médio do ramo de negócios. Em segundo lugar, a proporção entre os salários e a mais-valia permanece inalterada, uma vez que os salários individuais do trabalhador individual correspondem à massa da mais-valia que ele individualmente forneceu. Mas a maior margem de manobra que os salários por peça oferecem à individualidade procura, por um lado, desenvolver a individualidade dos trabalhadores e, portanto, seu sentimento de liberdade, independência e controle próprio, e, por outro lado, procura desenvolver a competição entre si e uns contra os outros. O trabalho por peça, portanto, apresenta a tendência a baixar o nível médio do salário, na medida em que aumenta os salários individuais acima desse nível.

O salário por peça é a forma mais apropriada de salários no modo de produção capitalista. Ele conquistou um campo de ação mais amplo inicialmente durante o chamado período das manufaturas. No período *Sturm und Drang*[20] da indústria moderna, ele serviu como uma alavanca para a extensão da jornada de trabalho e redução dos salários. Nas oficinas sujeitas às leis fabris, o salário por peça passa a ser a regra geral, porque o capital pode agora estender a jornada de trabalho somente em sua intensidade.

---

20. *Sturm und Drang*; em português, tempestade e ímpeto, refere-se a um movimento artístico alemão, sobretudo literário, reativo ao racionalismo iluminista e atrelado ao romantismo, ocorrido ao final do século XVIII. Marx se refere aqui ao período entre 1797 e 1815 [N.T.].

20 Disparidade nacional dos salários

Em cada país existe uma certa intensidade média de trabalho; abaixo desta intensidade o trabalho para a produção de uma mercadoria leva mais do que o tempo socialmente necessário e, portanto, não é considerado como trabalho de qualidade normal. Somente o grau de intensidade acima da média nacional possui em determinado país efeito sobre a medida de valor da simples duração da jornada de trabalho. Este não é o caso no mercado mundial, do qual os países individuais são partes integrantes. A intensidade média de trabalho se altera de país para país; é maior aqui e menor ali. Essas médias nacionais formam uma escala cuja unidade de medida é a unidade média do trabalho mundial. O trabalho nacional mais intensivo produz, portanto, em comparação com o menos intensivo, mais valor em um mesmo período, que se expressa em mais dinheiro: o valor relativo do dinheiro será menor na nação com um modo de produção capitalista mais desenvolvido do que na nação com um modo de produção menos desenvolvido. Segue-se que os salários nominais, o equivalente à força de trabalho expressa em termos de dinheiro, também serão mais elevados na primeira nação do que na segunda; isso não prova, todavia, que o mesmo também se aplique ao salário real, isto é, aos meios de subsistência que estão à disposição do trabalhador.

VII
O processo de acumulação de capital

A transformação de uma soma de dinheiro em meio de produção e força de trabalho é o primeiro movimento pelo qual passa a quantidade de valor, que deve funcionar como capital. Essa transformação ocorre no mercado, no âmbito da esfera de circulação. O segundo movimento, o processo de produção, completa-se assim que os meios de produção se transformam em mercadorias cujo valor excede o valor de suas partes constituintes, ou seja, contém o valor do capital originalmente investido, acrescido de uma mais-valia. Essas mercadorias devem então ser lançadas na esfera de circulação. Elas têm que ser vendidas, seu valor realizado na forma de dinheiro, esse dinheiro convertido novamente em capital, e assim por diante indefinidamente. Esse movimento forma a circulação do capital.

A primeira condição para a acumulação é que o capitalista tenha conseguido vender suas mercadorias e converter a maior parte do dinheiro assim recebido novamente em capital.

O capitalista que produz a mais-valia, isto é, que extrai trabalho não pago diretamente dos trabalhadores e o fixa em mercadorias, é evidentemente o primeiro apropriador, mas de forma alguma o último proprietário dessa mais-valia. Ele tem que compartilhá-la posteriormente com capitalistas que possuem outras funções. A mais-valia é, portanto, dividida em diferentes partes. Seus fragmentos dizem respeito a diferentes categorias de pessoas e recebem formas diferentes, independentes, como o lucro, os juros, o ganho comercial, a renda fundiária, e assim por diante. Consideramos aqui, em primeiro lugar, o produtor capitalista como o dono de toda a mais-valia, ou seja, como o representante de todos os seus participantes no butim.

21 Reprodução simples

Tão pouco quanto uma sociedade pode parar de consumir, igualmente pouco pode ela parar de produzir. Por essa razão, visto a partir do fluxo constante de sua renovação, todo processo de produção social é ao mesmo tempo um processo de reprodução.

As condições de produção são ao mesmo tempo as condições de reprodução. Se a produção possui uma forma capitalista, o mesmo ocorre em relação à reprodução. Assim como no modo de produção capitalista o processo de trabalho aparece apenas como meio para o processo de expansão do capital, assim também a reprodução aparece somente como meio de reproduzir o valor investido inicialmente como capital. A máscara econômica[21] do capitalista se apega a uma pessoa unicamente porque seu dinheiro funciona continuamente como capital.

A reprodução simples é uma mera repetição do processo de produção na mesma escala.

Como um aumento periódico no valor do capital investido, ou como um fruto periódico do capital no processo de trabalho, a mais-valia assume a forma de uma receita que flui do capital. Se essa receita for consumida tão periodicamente quanto ela é adquirida, ocorre, nesse caso, uma reprodução simples.

O valor do capital dividido pela mais-valia consumida anualmente resulta no número de anos ou de períodos de reprodução em que, uma vez percorridos em sua totalidade, o capital originalmente investido foi consumido pelo capitalista e desapareceu. Após a passagem de um certo número de anos, o valor do capital que ele agora possui é igual à soma da totalidade da mais-valia que ele adquiriu durante esses anos, e o valor total que ele consumiu equivale ao de seu capital original. Ou seja,

---

21. No alemão, *ökonomische Charaktermaske*. Literalmente, "máscara de fantasia" ou "personagem teatral" [N.T.].

quando o capitalista consumiu o equivalente de seu capital investido, o valor de seu capital representa unicamente a mais-valia que foi apropriada.

A mera continuidade do processo de produção ou a simples reprodução converte, após um período de tempo mais curto ou mais longo, qualquer capital necessariamente em capital acumulado ou mais-valia capitalizada. Mesmo que esse capital tenha sido originalmente propriedade adquirida pessoalmente de seu usuário, ainda assim, mais cedo ou mais tarde, torna-se, na ausência de um equivalente, em valor apropriado ou corporificação de trabalho não remunerado de terceiros, seja na forma de dinheiro ou de outra forma.

Para converter dinheiro em capital, os proprietários dos meios de produção aqui, e ali os proprietários de nada além da sua força de trabalho, tiveram de se colocar um diante do outro como compradores e vendedores. Mas o que inicialmente era apenas o ponto de partida passa mais tarde, graças simplesmente à continuidade do processo, a ser sempre produzido novamente e perpetuado em virtude da reprodução simples. Por um lado, o processo de produção transforma continuamente a riqueza material em capital, em meios para gerar mais riqueza e em bens de luxo para o capitalista. Por outro lado, o trabalhador emerge constantemente do processo da mesma forma em que entra nele: como a fonte de riqueza, mas despojado de todos os meios de realizar para si mesmo essa riqueza. O trabalhador produz constantemente riquezas materiais, objetivas, mas na forma de capital, na forma de um poder que lhe é estranho, que lhe domina e lhe explora. O capitalista também produz constantemente força de trabalho na forma de uma fonte subjetiva de riqueza que é separada de seus meios de objetificação e de realização, em suma, ele produz o trabalhador como trabalhador assalariado.

O consumo do trabalhador possui duplo caráter: durante o processo de produção, ele consome os meios de produção através de seu trabalho e os transforma em produtos de maior valor que o capital investido inicialmente. Este é o seu consumo produtivo. Por outro lado, o trabalhador transforma o dinheiro que lhe é pago pela sua força de trabalho em meios de subsistência: este é o seu consumo individual. O consumo produtivo e o consumo individual do trabalhador são, portanto, totalmente diferentes. No primeiro caso, ele atua como a força motriz do capital e pertence ao capitalista; no segundo caso, ele pertence a si mesmo e realiza atos vitais individuais distantes do processo de produção. O resultado de um deles é a vida do capitalista, o resultado do outro é a vida do próprio trabalhador.

Quando o capitalista converte uma parte de seu capital em força de trabalho, ele com isso aumenta o valor de todo o seu capital. Ele mata dois coelhos com uma cajadada só. Ele se beneficia não só daquilo que recebe do trabalhador, mas também daquilo que ele lhe oferece. O capital despendido na aquisição de força de trabalho é trocado por meios de subsistência, cujo consumo é usado para reproduzir os músculos, os nervos, os ossos e o cérebro dos trabalhadores e para produzir novos trabalhadores.

O consumo individual da classe trabalhadora é, portanto, a produção e reprodução dos meios de produção tão indispensáveis para o capitalista: a produção e reprodução do próprio trabalhador. A manutenção e reprodução da classe trabalhadora, portanto, permanece uma condição constante para a reprodução do capital.

Consequentemente, o capitalista considera como produtiva apenas aquela parcela do consumo individual do trabalhador que é necessária para perpetuar a classe. O que o trabalhador pode consumir além disso para seu prazer é um consumo improdutivo. Na verdade, o consumo individual do trabalhador é improdutivo para ele mesmo, pois ele apenas reproduz o indivíduo necessitado. Ele é produtivo para o capitalista e para o Estado, porque ele é a produção da força que gera a riqueza externa.

Do ponto de vista da sociedade, portanto, a classe trabalhadora, mesmo fora do processo de trabalho imediato, é tanto um acessório do capital quanto o instrumento morto do trabalho. Mesmo seu consumo individual é, dentro de certos limites, apenas um momento do processo de reprodução do capital. O escravo romano se encontrava preso por grilhões a seu senhor, o trabalhador assalariado é acorrentado ao seu dono com fios invisíveis.

A reprodução da classe trabalhadora também contém em si a transmissão e a acumulação das habilidades de uma geração para outra.

O processo de produção capitalista reproduz a distinção entre força de trabalho e equipamento de trabalho. Com isso, ele reproduz e perpetua as condições de exploração. Ele constantemente obriga o trabalhador a vender sua força de trabalho para viver, e constantemente permite que o capitalista a compre, a fim de se enriquecer. Não é mais o mero acaso que dispõe o capitalista e trabalhador em lados opostos, como compradores e vendedores no mercado. É o próprio processo que sempre lança o trabalhador de volta à posição de vendedor de sua força de trabalho e transforma constantemente seu próprio produto no meio de compra do outro. Na verdade, o trabalhador pertence ao capital ainda antes de se vender ao capitalista. Sua escravidão econômica é ao mesmo tempo mediada e oculta por sua autoalienação periódica, pelas mudanças individuais de seus senhores do trabalho assalariado e pelas flutuações no preço de mercado da força de trabalho.

O processo de produção capitalista, visto tanto em seu contexto ou como um processo de reprodução, portanto, não produz apenas mercadorias, não apenas mais-valia, ele produz e reproduz a própria relação do capital, de um lado o capitalista, de outro, o trabalhador assalariado.

22 Transformação da mais-valia em capital

a) Processo de produção capitalista em escala ampliada

A aplicação da mais-valia como capital ou a reconversão da mais-valia em capital significa a acumulação de capital.

A fim de acumular, é necessário que se converta uma parte do mais-produto em capital. Mas, sem realizar milagres, só é possível transformar em capital aquelas coisas que podem ser empregadas no processo de trabalho (ou seja, meios de produção) e meios de subsistência. Consequentemente, uma parte do mais-trabalho anual precisa necessariamente ter sido usada para a produção de meios de produção e meios de subsistência adicionais, em quantidade superior àquela necessária para repor o capital investido inicialmente. Em uma palavra: a mais-valia pode ser transformada em capital unicamente porque o mais-produto, de quem ela constitui o valor, já contém os elementos materiais do novo capital.

Para, enfim, realmente fazer esses elementos funcionarem como capital, a classe capitalista precisa de trabalho adicional. Se a exploração dos trabalhadores já empregados não puder crescer extensivamente ou intensamente, então será necessário encontrar trabalhadores adicionais. O mecanismo de produção capitalista já tomou as provisões necessárias para isso, na medida em que ele reproduz a classe trabalhadora como uma classe dependente de pagamentos provenientes do trabalho, cujos salários ordinários são suficientes não apenas para garantir sua manutenção, mas também a sua multiplicação. O capital só precisa incorporar essa força de trabalho adicional aos meios de produção adicionais, e a transformação da mais-valia em capital está completa.

Trata-se daquela velha história: Abraão gerou Isaque, Isaque gerou Jacó, e assim por diante. O capital original de 10.000 libras esterlinas gera uma mais-valia de 2.000 libras esterlinas, que é capitalizado. O novo capital de 2.000 libras esterlinas gera uma mais-valia de 400 libras esterlinas, e este, por sua vez, capitalizado, ou seja, convertido em um segundo capital adicional, gera a partir dele mesmo uma mais-valia adicional de 80 libras esterlinas, e assim por diante. Desconsideramos neste caso a parte da mais-valia consumida pelo capitalista.

Originalmente, o direito à propriedade parecia-nos estar baseado no trabalho próprio. Pelo menos essa suposição tinha de ser válida, uma vez que somente os proprietários legítimos de mercadorias se colocam diante uns dos outros, os meios de apropriação de outros bens, todavia, somente a alienação das próprias mercadorias e estas podem ser produzidas somente através do trabalho. A propriedade aparece agora, do lado do capitalista, como o direito de se apropriar de trabalho não remunerado de outrem ou seu produto; do lado do trabalhador, como a impossibilidade de se apropriar do seu próprio produto. A separação entre propriedade e trabalho torna-se a consequência necessária de uma lei que parece ter procedido de sua identidade.

Nós vimos que, mesmo no caso da reprodução simples de todo o capital, seja qual for sua origem, ele é transformado em capital acumulado, ou em mais-valia capitalizada. Contudo, no fluxo de produção, todo capital originalmente investido torna-se uma quantidade em desaparecimento (*magnitudo evanescens* no sentido matemático) em comparação com o capital diretamente acumulado, ou seja, com a mais-valia ou o mais-produto convertido em capital, independentemente se agindo nas mãos de seus acumuladores ou nas mãos de outros.

b) Divisão da mais-valia em capital e receita

Uma parte é consumida pelo capitalista como receita, outra parte é usada como capital ou acumulada. Dado o volume da mais-valia, uma das partes é tanto maior quanto a outra parte é menor. A proporção dessas partes determina a dimensão da acumulação. Todavia, a divisão é realizada unicamente pelo proprietário da mais-valia, o capitalista.

Na medida em que o capitalista é o capital personificado, seu motivo de ação não está no valor de uso e no prazer, mas no valor de troca e na sua multiplicação. Como personificação do capital, o capitalista compartilha com o acumulador de tesouros o instinto absoluto de enriquecimento. Todavia, o que aparece no acumulador como uma mania individual é, no capitalista, o efeito do mecanismo social no qual ele é apenas uma roda motriz. Como fanático pela expansão do valor, o capitalista força a humanidade a realizar uma produção para o bem da própria produção e, assim, a um desenvolvimento das forças produtivas sociais e à criação de condições materiais de produção, as quais são unicamente capazes de dar origem à base real de uma forma superior de sociedade, uma forma de sociedade cujo princípio básico é o desenvolvimento pleno e livre de cada indivíduo.

A competição também força cada capitalista individual à contínua ampliação do capital investido em uma empresa. Esta é uma lei imanente do modo de produção capitalista. Contudo, a acumulação é ao mesmo tempo a conquista do mundo da riqueza social e, com a ampliação do volume de material humano expropriado, a ampliação do domínio do capital.

Nos primórdios históricos da produção capitalista – e todo oportunista capitalista passa individualmente por esse estágio histórico – prevalecem a avareza e o instinto de enriquecimento como paixões absolutas. Para o capitalista, cujo fazer e deixar de fazer é apenas função do capital dotado de vontade e consciência em si, seu consumo privado é considerado como um roubo da acumulação de seu capital. O progresso da produção capitalista, entretanto, não apenas cria um mundo de prazeres; com a especulação e o crédito ele abre mil fontes de enriquecimento repentino. Em certo estágio de desenvolvimento, um grau convencional de desperdício, que ao mesmo tempo é uma exibição da riqueza e, por conseguinte, um meio de crédito, torna-se uma necessidade comercial do "infeliz" capitalista. Ou é incorporado nos custos de representação do capital. Portanto, embora o desperdício do capitalista em nenhum momento possua o caráter franco do desperdício do senhor feudal, em seu segundo plano espreitam, em vez disso, comumente a avareza mais imunda e o cálculo medroso. Ainda assim seu desperdício cresce com sua acumulação, sem que um cause o colapso do outro.

c) Circunstâncias que determinam a extensão da acumulação

As circunstâncias que, independentemente da divisão da mais-valia entre capital e receita, determinam a quantidade de acumulação são as seguintes: o grau de expropriação da força de trabalho, a produtividade do trabalho, a diferença crescente entre o capital investido e o capital consumido, a dimensão do capital investido inicialmente. Através da incorporação, os dois primeiros criadores de riqueza – força de trabalho e terra – o capital adquire uma força expansiva que lhe permite amplificar os elementos de sua acumulação para além dos limites que aparentemente estariam fixados por sua própria dimensão, ou pelo valor e pela quantidade dos meios de produção já produzidos, nos quais ele consiste.

Outro fator importante na acumulação do capital é o grau de produtividade do trabalho social. Juntamente com a crescente produtividade do trabalho caminha o barateamento da força de trabalho, ou seja, ela anda de mãos dadas com uma taxa crescente de mais-valia, mesmo que os salários reais aumentem.

O desenvolvimento da força produtiva do trabalho também afeta o capital original, capital que já se encontra em processo de produção. Todos os anos, uma parte do capital constante em funcionamento – que consiste em equipamentos de trabalho, como máquinas, e assim por diante – morre e precisa ser substituída. Se a produtividade do trabalho se ampliou no local de nascimento desses meios de trabalho, máquinas mais eficazes e com melhor custo-benefício relativamente ao seu rendimento ocupam o lugar das antigas. O antigo capital é reproduzido de forma mais produtiva.

Cada introdução de métodos de trabalho mais aprimorados possui um efeito quase simultâneo no capital adicionado novamente, assim como no capital que já se encontra em funcionamento. Todo avanço na química não apenas aumenta o número de materiais utilizáveis e a aplicação útil daqueles materiais já conhecidos, e se expande, portanto, juntamente com o crescimento do capital e a esfera de seus investimentos; ele demonstra também, ao mesmo tempo, como os excrementos dos processos de produção e de consumo podem ser arremessados novamente no ciclo do processo reprodutivo; ele cria, desse modo, sem um dispêndio prévio de capital, novo capital para o capital. À semelhança do aumento da expropriação da riqueza natural por meio do simples aumento na tensão do trabalho, a ciência e a tecnologia formam uma capacidade da força de expansão do capital independentemente do tamanho do capital em funciona-mento. Essa força de expansão superior atua ao mesmo tempo na parte do capital original que entrou em seu es-tágio de renovação. No entanto, este desenvolvimento da força produtiva é ao mesmo tempo acompanhado pela desvalorização parcial do capital em funcionamento. Na medida em que essa desvalorização é agudamente perce-bida pela concorrência, o capitalista busca compensação em uma ampliação da expropriação dos trabalhadores.

O trabalho transfere para o produto o valor dos meios de produção por ele consumidos. Por outro lado, o valor e o volume dos meios de produção que são acionados por uma dada quantidade de trabalho aumentam na propor-ção em que o trabalho se torna mais produtivo. Portan-to, mesmo que a mesma quantidade de trabalho sempre acrescente a mesma quantidade de mais-valia aos seus produtos, o antigo valor do capital, que essa quantidade de trabalho transfere simultaneamente para os produtos, ainda assim aumenta com o aumento da produtivida-de do trabalho. O valor antigo incrementado aumenta o valor de seu produto. É a dádiva natural da força de trabalho viva manter o antigo valor enquanto cria um novo valor. Com o crescimento da eficácia, da exten-são e do valor de seus meios de produção, isto é, com a acumulação que acompanha o desenvolvimento de sua força produtiva, o trabalho recebe e perpetua, portanto, um valor cada vez maior do capital de uma forma sempre nova. Essa força natural de trabalho aparece como a força de autopreservação do capital ao qual o trabalho é incorporado. O peso continuamente em crescimento do trabalho passado, que participa do processo de trabalho vivente sob a forma de meios de produção, é atribuído à sua forma, alienada do próprio trabalhador, de quem ela é trabalho passado e não remunerado; é atribuído à sua forma de capital.

Quanto mais o capital cresce como resultado da acumulação permanente, mais cresce também a soma do valor, que se divide em fundos de consumo e fundos de acumulação. O capitalista pode, portanto, aproveitar muito mais a boa vida e ao, mesmo tempo, "renunciar" mais.

23 A lei geral da acumulação capitalista

a) Demanda crescente por força de trabalho com acumulação enquanto a composição do capital permanece a mesma

A composição do capital deve ser compreendida em dois sentidos. Do lado do valor, ela é determinada pela razão em que o capital se divide em capital constante e capital variável. De acordo com o lado da matéria como ela funciona no processo de produção, todo capital é dividido em meios de produção e força de trabalho vivente. Eu chamo o primeiro lado de composição de valores e, o seguinte, de composição técnica do capital. Existe uma estreita correlação entre os dois lados. Eu chamo a composição de valor do capital, na medida em que ela é determinada por sua composição técnica e reflete as suas mudanças, de composição orgânica do capital.

Os numerosos capitais individuais que são investidos em um determinado ramo de produção diferem mais ou menos em sua composição. A média de suas composições individuais nos oferece a composição do capital total desse ramo de produção. Finalmente, a média total das composições médias de todos os ramos de produção nos transmite a composição do capital social total de um país, e é dessa média total que falaremos, em última análise, a seguir.

O crescimento do capital inclui igualmente o crescimento de seu componente variável. Parte da mais-valia convertida em capital adicional necessita ser invariavelmente convertida novamente em capital variável ou em fundos de trabalho adicionais. Se assumirmos que uma certa quantidade de meios de produção precisa continuamente da mesma quantidade de força de trabalho, então a demanda por trabalho e o fundo de meios de sobrevivência dos trabalhadores certamente crescem em proporção ao capital, e tanto mais rápido quanto mais rápido cresce o capital. As necessidades de acumulação do capital podem superar o crescimento da força de trabalho ou do número de trabalhadores; a demanda por trabalhadores pode exceder a oferta de trabalhadores e, por essa razão, os salários podem aumentar.

Assim como a reprodução simples reproduz continuamente a própria proporção de capital, isto é, capitalistas de um lado e trabalhadores assalariados de outro, assim a reprodução em uma escala ampliada ou a acumulação reproduz a proporção de capital em uma escala estendida, mais capitalistas ou maiores capitalistas neste polo, mais trabalhadores assalariados naquele. A reprodução de uma quantidade de força de trabalho, que deve incessantemente incorporar-se ao capital para sua autoexpansão, que não pode vir livre do capital, e cuja escravidão sob o jugo do capital consegue-se ocultar somente pela mudança dos capitalistas individuais a quem ela se vende, constitui, de fato, uma parte fundamental da reprodução do próprio capital. A acumulação de capital é, portanto, a multiplicação do proletariado.

Nas condições de acumulação mais favoráveis para os trabalhadores, sua relação de dependência do capital assume formas suportáveis. Uma grande parte do seu próprio mais-produto crescente, que está constantemente sendo transformado em capital adicional, flui de volta para eles na forma de meios de pagamento, a fim de que possam expandir o círculo de seus prazeres, para que possam equipar melhor seus fundos de consumo de roupas, móveis, e assim por diante, e para que possam construir pequenos fundos de reserva de dinheiro. Mas tão pouco quanto melhores roupas, melhor comida e tratamento abolem a exploração do escravo, assim também a do trabalhador assalariado.

Na melhor das hipóteses, o aumento dos salários implica apenas uma diminuição quantitativa do trabalho não remunerado que o trabalhador deve realizar. Esse declínio não pode jamais continuar até o ponto em que ameaçaria o próprio sistema. Desconsiderados os conflitos violentos sobre a taxa de salários, um incremento no preço do trabalho resultante da acumulação de capital assume uma das seguintes alternativas: ou o preço do trabalho continua subindo porque seu aumento não interfere no progresso da acumulação, ou a acumulação afrouxa em consequência do aumento do preço do trabalho porque o aguilhão do lucro acaba se tornando cego. Mas, com a diminuição da acumulação, desaparece a causa de sua diminuição, ou seja, a desproporção entre capital e trabalho expropriável. O preço do trabalho cai novamente para um nível correspondente às necessidades de expansão do capital.

b) Diminuição relativa da parte variável do capital paralelamente à acumulação e à concentração que a acompanha

Com o uso do maquinário, uma maior quantidade de matérias-primas e materiais auxiliares entra no processo de trabalho. Este é o resultado do aumento da produtividade do trabalho. Por outro lado, a quantidade de maquinaria utilizada, de gado de trabalho, de adubos minerais, dos encanamentos de drenagem, e assim por diante, é condição para o incremento da produtividade do trabalho. Da mesma forma, a quantidade dos meios de produção concentrada em edifícios, em fornos gigantes, em meios de transporte, e assim por diante. Contudo, seja uma condição ou uma consequência, o crescente volume dos meios de produção em comparação com a força de trabalho neles incorporada expressa a crescente produtividade do trabalho. O aumento desta última aparece na diminuição da quantidade de trabalho em relação à quantidade dos meios de produção por ela movimentada, ou na diminuição do fator subjetivo do processo de trabalho em relação ao fator objetivo.

Essa alteração na composição técnica do capital, o crescimento dos meios de produção em sua quantidade, em relação à quantidade da força de trabalho que lhes confere vida, reflete-se na sua composição de valor, no aumento da componente constante do capital em detrimento de seu componente variável. Esta lei do crescimento progressivo da parte constante do capital em relação à parte variável do capital é confirmada a cada passo pela investigação comparativa dos preços das mercadorias, quer estejamos comparando diferentes épocas econômicas distintas ou diferentes nações da mesma época. O tamanho relativo do elemento do preço, que representa apenas o valor dos meios de produção ou a parte constante do capital consumido, estará em proporção direta ao progresso da acumulação; o tamanho relativo do outro elemento do preço, que paga o trabalho ou que representa a parte variável do capital, de modo geral aparecerá em relação inversamente proporcional a ele.

Esta diminuição da parte variável em comparação com a parte do capital constante ou a composição alterada do valor do capital, entretanto, mostra apenas aproximadamente a alteração na composição de seus componentes materiais. Com a crescente produtividade do trabalho, não apenas aumenta a quantidade dos meios de produção por ela utilizados, mas seu valor, em comparação com seu tamanho, diminui. Portanto, seu valor aumenta absolutamente, mas não proporcionalmente com a sua dimensão. O aumento da diferença entre o capital constante e o capital variável é, portanto, muito menor do que o aumento da diferença entre o volume dos meios de produção, no qual o capital constante é convertido, e o volume da força de trabalho, no qual o capital variável é convertido. A primeira dessas diferenças aumenta com a última, mas em menor grau. Todavia, se o progresso da acumulação leva a uma redução do tamanho relativo da parte variável do capital, de forma alguma ele, com isso, exclui a possibilidade de um aumento em seu tamanho absoluto.

Todo capital individual é uma concentração maior ou menor de meios de produção com o comando correspondente sobre um exército de trabalho maior ou menor. Cada acumulação se torna o meio de uma nova acumulação. A acumulação aumenta a concentração daquela riqueza nas mãos dos capitalistas individuais e, desse modo, expande os fundamentos da produção em grande escala e dos métodos de produção especificamente capitalistas. O crescimento do capital social tem lugar no âmbito do crescimento de muitos capitais individuais. Assumindo, como ponto de partida, que todas as outras circunstâncias permanecem as mesmas, os capitais individuais, e com eles a concentração dos meios de produção, multiplicam-se na proporção em que formam partes percentuais do capital social total.

A acumulação, portanto, apresenta-se, por um lado, como uma concentração gradativa dos meios de produção e da autoridade sobre o trabalho e, por outro lado, como a repulsão de muitos capitais individuais uns dos outros. Essa fragmentação do capital social total em muitos capitais individuais ou a repulsão de suas partículas umas das outras, entretanto, atua em sentido contrário à sua atração. Essa atração não significa uma simples concentração, que seria o mesmo que acumulação. Trata-se da concentração de capitais que já se formaram, da abolição de sua independência individual, da expropriação de um capitalista por outro capitalista, da transformação de muitos pequenos capitais em alguns poucos capitais maiores. Este processo é diferente do anterior na medida em que pressupõe apenas uma distribuição alterada dos capitais previamente existentes e em funcionamento; seu espaço de ação, portanto, não é restringido pelo crescimento absoluto da riqueza social ou pelos limites absolutos da acumulação. O capital, aqui, cresce a volumes extraordinários em uma única mão, porque é perdido, lá, de muitas mãos. Esta é a autêntica centralização em contraste com a acumulação e a concentração.

A guerra da concorrência é conduzida por meio da desvalorização das mercadorias. Essa depende da produtividade do trabalho e, portanto, da escala de produção. Os capitais mais amplos, portanto, acabam por vencer os mais tímidos. Além disso, com o desenvolvimento do modo de produção capitalista, a quantidade mínima de capital individual necessária para operacionalizar uma empresa também aumenta. Desse modo, juntamente com a produção capitalista, todo um novo poder se forma: o sistema de crédito, que em seus primórdios se insinuou como um modesto apêndice da acumulação, carrega os meios monetários fragmentados por fios invisíveis para as mãos de capitalistas individuais ou associados; logo, todavia, torna-se uma nova e terrível arma na guerra da concorrência, e finalmente, é transformado em um imenso mecanismo social de centralização do capital.

Em um determinado ramo de negócios, a centralização teria atingido seu limite extremo se todos os capitais investidos nele estivessem associados em um único capital. Na sociedade, esse limite teria sido alcançado se a totalidade do capital fosse reunida nas mãos de uma única sociedade capitalista ou um único capitalista.

A centralização complementa o trabalho de acumulação, na medida em que ela permite que os capitalistas industriais expandam a escala de suas operações. Quer a centralização se efetive por meio da incorporação ou por meio de um processo mais suave da formação de sociedades anônimas, o efeito econômico permanece o mesmo: a conversão progressiva de processos de produção operados de forma individual e convencional em processos de produção socialmente combinados e cientificamente regulados.

As quantidades de capital, fundidas da noite para o dia através da centralização, reproduzem-se e multiplicam-se como as demais, embora com mais agilidade, de modo que se tornam, assim, novas alavancas poderosas da acumulação social. Os capitais adicionais são utilizados principalmente como meio para a exploração de novas invenções e descobertas, ou de melhorias industriais em sentido geral. O capital antigo, nesse ínterim, alcança também o momento em que renova sua cabeça e seus membros, em que se desfaz de sua velha pele e renasce em uma forma técnica aperfeiçoada, em que um menor volume de trabalho é suficiente para colocar em movimento uma maior quantidade de máquinas e matérias-primas. A diminuição absoluta da demanda de trabalho, que necessariamente disso decorre, será certamente tanto maior quanto mais esses capitais em processo de rejuvenescimento forem acumulados em grandes volumes por meio do movimento de centralização.

c) Produção progressiva de uma superpopulação relativa ou exército industrial de reserva

O modo de produção especificamente capitalista, o desenvolvimento da força produtiva do trabalho que lhe é correspondente, a alteração resultante na composição orgânica do capital não apenas acompanham de perto o progresso da acumulação; eles procedem de maneira incomparavelmente mais acelerada porque a simples acumulação ou a expansão absoluta do capital total é acompanhada pela centralização de seus elementos individuais. Com o progresso da acumulação, a proporção entre a parte constante e a parte variável do capital se altera.

Uma vez que a demanda de trabalho é determinada não pela dimensão do capital total, mas por suas componentes variáveis, consequentemente ela cai progressivamente com o crescimento do capital total, em vez de crescer na mesma proporção. A acumulação capitalista produz desse modo constantemente uma população trabalhadora relativa, ou seja, uma população trabalhadora que excede a necessidade média de expansão do capital.

Se considerarmos o capital social total, vemos então que em algumas esferas da produção tem lugar uma alteração na composição do capital sem que haja um aumento em seu tamanho absoluto; em outras esferas o crescimento absoluto do capital está associado a uma diminuição absoluta em seu componente variável ou da força de trabalho que ele absorveu. Em outras esferas da produção, por outro lado, o capital em um momento cresce continuamente sobre a base técnica existente e atrai força de trabalho adicional em proporção ao seu crescimento; em outro momento, ocorre uma alteração na composição orgânica do capital e o componente variável é reduzido. Em todas as esferas da produção, o crescimento do capital variável e, portanto, do número de trabalhadores empregados está constantemente associado a flutuações violentas e à produção temporária de superpopulação.

Juntamente com a acumulação de capital, portanto, a população trabalhadora produz os meios pelos quais ela própria se torna relativamente supérflua; e ela faz isso em uma extensão cada vez maior. Esta é uma lei populacional peculiar ao modo de produção capitalista.

Se, entretanto, uma superpopulação de trabalhadores é um produto necessário da acumulação ou do desenvolvimento da riqueza de acordo com uma base capitalista, essa superpopulação, ao contrário, torna-se a alavanca da acumulação capitalista, e até mesmo uma condição da existência do modo de produção capitalista. Ela forma um exército de reserva industrial disponível que pertence ao capital tão absolutamente como se este tivesse crescido à sua própria custa. Ela cria o material humano sempre imediatamente explorável para suas necessidades mutantes de expansão, independentemente dos limites do crescimento real da população.

O curso de vida característico da indústria moderna, ou seja, um ciclo de dez anos, composto por períodos de vivacidade média, produção sob alta pressão, crise e estagnação, interrompido por pequenas flutuações, baseia-se na formação constante, maior ou menor absorção e regeneração do exército de reserva industrial ou superpopulação. Por sua vez, as vicissitudes do ciclo industrial estão atraindo a superpopulação e se tornando uma de suas causas mais enérgicas de reprodução. A forma de movimento da indústria moderna em sua totalidade surge, portanto, da constante transformação de uma parte da população trabalhadora em mãos desempregadas ou semiempregadas.

O desenvolvimento do modo de produção capitalista e da força produtiva do trabalho permite ao capitalista, com a mesma alienação de capital variável, fazer mais trabalho fluir por meio de uma expropriação mais extensiva ou mais intensiva das forças de trabalho individuais. Além disso, ele pode comprar mais forças de trabalho com o mesmo capital, na medida em que ele cada vez mais substitui a força de trabalho qualificada por não qualificada.

A liberação de trabalhadores procede, portanto, em ritmo ainda mais célere do que a turbulência técnica no processo de produção, que é acompanhada e acelerada pelo progresso da acumulação, e mais rápido do que a diminuição proporcional e correspondente da parte variável do capital em relação à parte constante. Quando os meios de produção, na medida em que aumentam de tamanho e eficácia, tornam-se em menor medida os meios de ocupação dos trabalhadores, essa própria relação é modificada, por sua vez, pelo fato de que, na medida em que a produtividade do trabalho aumenta, o capital aumenta seu fornecimento de trabalho mais rápido do que sua demanda por trabalhadores. O excesso de traba-

260

lho do setor empregado da classe trabalhadora incha as fileiras da reserva, ao passo que, inversamente, a crescente pressão que esta exerce sobre a primeira por meio de sua competição obriga aquela ao trabalho em excesso e à sua sujeição aos mandamentos do capital. A condenação de uma parte da classe trabalhadora à ociosidade forçada por meio da sobrecarga da outra parte, e vice-versa, torna-se um meio de enriquecimento para o capitalista individual e acelera a produção do exército industrial de reserva em uma dimensão correspondente ao progresso da acumulação social.

Ao fim e ao cabo, os movimentos gerais dos salários são regulados exclusivamente pela expansão e contração do exército industrial de reserva, que correspondem à alteração de período do ciclo industrial. Eles não são, consequentemente, determinados pelas mudanças no coeficiente absoluto da população da classe trabalhadora, mas pela mudança na proporção em que a classe trabalhadora é dividida em exércitos ativos e exércitos de reserva, pelo aumento e diminuição no tamanho relativo da superpopulação, pelo grau em que em determinado momento é absorvido, em outro momento é dispensado.

O exército industrial de reserva exerce pressão sobre o exército operário ativo durante os períodos de estagnação e prosperidade média, e influencia suas reivindicações durante os períodos de superprodução e paroxismo. A superpopulação relativa é, portanto, o pano de fundo sobre o qual se move a lei da demanda e do fornecimento de trabalho. Ela força o espaço de ação desta lei dentro dos limites que apelam absolutamente para a ganância pela expropriação e o desejo pela dominação do capital.

d) Várias formas de existência de superpopulação relativa e a lei geral de acumulação capitalista

A superpopulação relativa existe em todas as formas possíveis. Todo trabalhador pertence a ela durante o período em que estiver apenas parcialmente empregado ou desempregado. Desconsiderando as formas mais amplas e de retorno periódico que a alteração de fase do ciclo industrial lhe imprime, de modo que por vezes aparece agudamente em crises, outras vezes cronicamente, em tempos de negócios arrefecidos, ela apresenta continuamente três formas: líquida, latente e estagnada.

Nos centros da indústria moderna, os trabalhadores às vezes são expulsos, às vezes reempregados em maior escala, de modo que, geralmente, o número de empregados aumenta, embora em proporção decrescente em relação à escala de produção. A superpopulação existe aqui em sua forma fluida.

Além disso, o consumo da força de trabalho pelo capital é tão rápido que o trabalhador de meia-idade na maior parte das vezes sobreviveu mais ou menos a si mesmo. Sobretudo entre os trabalhadores da indústria moderna nós nos deparamos com a vida útil mais curta. Disso decorre a rápida renovação das gerações de trabalhadores.

Assim que a produção capitalista toma para si a agricultura, ou de acordo com o grau em que a produção capitalista se apoderou dela, a demanda por uma população trabalhadora no setor agrícola diminui absolutamente, sem que essa repulsão seja compensada por uma maior atração, como ocorre nas indústrias não ligadas ao setor de produção agrária. Uma parte da população rural encontra-se, portanto, constantemente à beira de uma transição para compor o proletariado urbano ou manufatureiro. Esta fonte de superpopulação (latente) relativa flui continuamente. Mas seu fluxo constante em direção às cidades pressupõe uma superpopulação latente sempiterna no próprio campo. O trabalhador rural é, portanto, pressionado em direção ao mínimo de salário e está sempre com um pé no atoleiro da miséria extrema.

A terceira categoria de superpopulação relativa faz parte do exército proletário ativo, mas com ocupações irregulares. Ela é continuamente recrutada a partir dos excedentes, nomeadamente nos ramos da indústria em declínio, onde as operações artesanais e manufatureiras sucumbem às operações das máquinas. Esta categoria, cuja situação de vida afunda abaixo do nível mediano da classe trabalhadora, constitui um elemento da classe trabalhadora que se autorreproduz, e que ao mesmo tempo assume uma parte comparativamente grande no crescimento dessa mesma classe. Não só o número de nascimentos e óbitos, mas também o tamanho absoluto das famílias está relacionado de modo inversamente proporcional ao nível dos salários e, portanto, à quantidade de meios de subsistência, aos quais as diversas categorias de trabalhadores têm acesso. Essa lei da sociedade capitalista soaria absurda até para os selvagens. Essa situação nos remete à reprodução desenfreada dos animais individualmente fracos e que são constantemente caçados.

A camada mais profunda da superpopulação relativa reside finalmente na esfera da miséria absoluta e do verdadeiro proletariado mais abjeto[22].

Quanto maior a riqueza social, o capital em funcionamento, a vultuosidade e a energia de seu crescimento, enfim, incluindo o tamanho absoluto do proletariado e a produtividade do trabalho, tanto maior será o exército industrial de reserva. A força de trabalho à disposição é desenvolvida pelos mesmos princípios que a força expansiva do capital. O tamanho relativo do exército industrial de reserva, portanto, cresce com a energia potencial da riqueza. Contudo, quanto maior for o exército de reserva comparativamente ao exército de trabalho ativo, tanto mais superlativa será a superpopulação permanente, cuja miséria está na proporção inversa de sua agonia de trabalho. Quanto maior, finalmente, for o estrato Lázaro da classe trabalhadora e do exército industrial de reserva, muito maior será a miséria absoluta oficialmen-

---

22. Em alemão, *Lumpenproletariat*. Para Marx, trata-se da camada mais desprezível do proletariado, por carecer de toda consciência de classe. Pertencem a essa categoria, de acordo com o pensador, os vagabundos, delinquentes, prostitutas etc. [N.T.].

te reconhecida. Esta é a lei geral absoluta da acumulação capitalista.

Depreende-se disso, portanto, que, conforme o montante em que o capital se acumula, a fortuna dos trabalhadores, seja seu salário alto ou baixo, deve se deteriorar. Finalmente, a lei, que continuamente mantém a superpopulação relativa ou exército industrial de reserva em equilíbrio com a dimensão e a energia da acumulação, forja o trabalhador mais firmemente ao capital do que as cunhas do vulcão prendem Prometeu às rochas. Isso implica uma acumulação de miséria correspondente à acumulação de capital. A acumulação de riqueza em um dos polos é, portanto, ao mesmo tempo, a acumulação de miséria, agonia do trabalho, escravidão, ignorância, brutalidade e degradação moral no polo oposto.

24 A chamada acumulação primitiva

a) O segredo da acumulação primitiva

Vimos como o dinheiro é transformado em capital, como a mais-valia é feita a partir do capital e como mais capital é feito a partir da mais-valia. Não obstante, a acumulação de capital pressupõe a mais-valia, a mais-valia pressupõe a produção capitalista, e a produção capitalista pressupõe a presença de quantidades ainda maiores de capital e força de trabalho nas mãos dos produtores de mercadorias. Esse movimento em sua totalidade parece movimentar-se em um circuito defeituoso, do qual podemos sair somente na medida em que assumimos uma acumulação primitiva que antecede a acumulação capitalista, uma acumulação que não é o resultado de um modo de produção capitalista, mas sim o seu ponto de partida. Essa acumulação primitiva desempenha aproximadamente o mesmo papel na economia política que a Queda desempenha na teologia. Adão mordeu a maçã e com essa mordida o pecado recaiu sobre a raça humana.

A origem da acumulação primitiva é explicada na medida em que ela é narrada como uma anedota do passado. Em um passado muito longínquo havia de um lado uma elite trabalhadora, inteligente e, acima de tudo, parcimoniosa, e do outro lado havia uma corja de preguiçosos que desperdiçavam com prazeres fugidios tudo o que possuíam e ainda mais. A pobreza das grandes massas data dessa Queda.

Na história verídica, como se sabe, a conquista, a subjugação, o roubo e o assassinato, em suma, a violência desempenham o papel preponderante. Na realidade, os métodos da acumulação primitiva são muitas coisas, só não são idílicos. Dinheiro e mercadorias não são capitais a priori. Eles precisam ser transformados em capital. Dois tipos muito diferentes de proprietários de mercadorias precisam colocar-se diante uns dos outros. De um lado, os proprietários de dinheiro, de meios de produção e de meios de sobrevivência que se concentram em aumentar a soma de seu valor através da aquisição de força de trabalho de outrem; de outro lado, os trabalhadores livres, vendedores de sua própria força de trabalho e, portanto, vendedores de trabalho. Trabalhadores livres no duplo sentido de que nem eles próprios pertencem diretamente aos meios de produção, como os escravos, os servos, e assim por diante, nem os meios de produção inversamente lhes pertencem, como no caso dos trabalhadores rurais que trabalham por sua conta própria, e assim por diante; eles são efetivamente livres, leves e soltos em relação aos meios de produção.

O processo que abre caminho para o sistema capitalista não pode ser nada mais do que o processo de alienação do trabalhador da propriedade de seus meios de trabalho, um processo que por um lado transforma os meios sociais de subsistência e de produção em capital, por outro lado, transforma os produtores imediatos em trabalhadores assalariados. A chamada acumulação primitiva nada mais é, portanto, do que o processo histórico de alienação do produtor e dos meios de produção. Ele parece "primitivo" porque constitui a pré-história do capital e do modo de produção que lhe corresponde.

A estrutura econômica da sociedade capitalista teve como seu ponto de origem a estrutura econômica da sociedade feudal. A dissolução dessa deu origem aos elementos da primeira. O produtor imediato, o trabalhador, pôde dispor de sua própria pessoa somente depois de ter deixado de estar vinculado à gleba de produção agrária e de encontrar-se servo de outra pessoa ou por clientelismo a ela vinculado. Para se tornar um vendedor gratuito de força de trabalho, que transporta suas mercadorias a todo lugar em que elas encontrem um mercado, ele também precisou libertar-se do senhorio das guildas, de seus ordenamentos relativos aos aprendizes e artesãos, além dos seus regulamentos de trabalho obstrutivos. Desse modo, o movimento histórico que transforma os produtores em trabalhadores assalariados aparece, por um lado, como sua libertação da servidão e de sua obrigação para com as guildas, e exclusivamente esse lado existe para nossos historiadores burgueses. Por outro lado, no entanto, esses recém-libertados se tornam vendedores de si mesmos somente depois que todos os seus meios de produção se lhes foram tomados e que todas as garantias de existência oferecidas pelas antigas instituições feudais se lhes foram surrupiadas. E a história dessa sua expropriação está inscrita nos anais da humanidade com traços de sangue e fogo.

Os capitalistas industriais, esses novos senhores do poder, por sua vez, tiveram que expulsar não apenas os mestres artesãos das guildas, mas também os senhores feudais que possuíam as fontes de riqueza. Sob essa perspectiva, sua ascensão apresenta-se como fruto de uma luta vitoriosa tanto contra o poder feudal e suas prerrogativas ultrajantes, bem como contra as guildas de artesãos e os grilhões que colocam no livre desenvolvimento da produção e da livre exploração do ser humano pelo ser humano. Os cavaleiros da indústria, no entanto, conseguiram somente desapossar os cavaleiros de armaduras e espadas na medida em que exploraram eventos para os quais eles em nada contribuíram.

O ponto de partida do desenvolvimento que produziu tanto o trabalhador assalariado como o capitalista foi a servidão do trabalhador. O progresso consistiu em uma mudança na forma dessa servidão, na transformação da exploração feudal em exploração capitalista. Sequer precisamos voltar tão longe a fim de compreender o seu curso.

Embora nos deparemos de modo esparso com os mais remotos inícios da produção capitalista já nos séculos XIV e XV em algumas cidades na região do Mediterrâneo, a era capitalista data inicialmente do século XVI. Do ponto de vista histórico, aquilo que caracteriza uma época na história da acumulação primitiva são todas as convulsões que servem como alavanca para a classe capitalista em desenvolvimento; todavia, acima de tudo os momentos em que grandes multidões são repentina e violentamente arrancadas de seus meios de subsistência e arremessadas no mercado de trabalho como proletários completamente livres. A desapropriação do produtor rural, do agricultor, em relação à terra e à propriedade rural, constitui a base de todo o processo. A história dessa desapropriação assume diferentes colorações em diferentes países e atravessa as diferentes fases em diferentes sequências e em diferentes períodos. Somente na Inglaterra ela apresenta um formato clássico.

b) Expropriação da terra e da propriedade rural da população rural

O prelúdio da convulsão que deu origem ao modo de produção capitalista ocorreu no último terço do século XV e nas primeiras décadas do século XVI. Uma grande quantidade de proletários completamente livres foi arremessada no mercado de trabalho com a dissolução das lealdades feudais, que por toda parte preenchiam inutilmente casas e cortes (e não podiam mais ser sustentadas por uma nobreza, que estava enfraquecida em virtude das grandes guerras feudais). Paralelamente, o poder real, em sua busca pela soberania absoluta, acelerou violentamente a dissolução dessas lealdades. Os grandes senhores feudais criaram um proletariado incomparavelmente maior, através da expulsão violenta do campesinato da terra e da propriedade rural, sobre o qual eles possuíam o mesmo título jurídico feudal que o próprio proletariado, e da apropriação ilegal das terras comunais que lhe pertenciam. O ímpeto imediato para a expulsão da área rural na Inglaterra foi nomeadamente ocasionado pelo florescimento da manufatura de lã flamenga e o aumento correspondente nos preços da lã. A transformação de terras agrícolas em pastagens de ovelhas tornou-se a palavra de ordem.

O violento processo de expropriação do povo no século XVI recebeu um novo e terrível ímpeto através da Reformação e, em seu rastro, o roubo colossal das propriedades da Igreja. A maior parte das propriedades da

Igreja foi doada aos favoritos da monarquia ou então vendida a preços ridículos para arrendatários especulativos e habitantes das cidades, que expulsaram em massa os antigos vassalos hereditários e incorporaram as suas propriedades rurais. A propriedade legalmente garantida de camponeses empobrecidos relativamente a uma parte dos dízimos da Igreja foi sorrateiramente abolida.

A propriedade da Igreja formava o baluarte religioso das tradicionais relações da propriedade fundiária. Com sua queda, elas já não eram mais sustentáveis.

Sob a Restauração dos Stuart, os proprietários de terras impuseram legalmente uma usurpação que ocorria em todo o continente sem qualquer formalidade legal. Eles aboliram a constituição feudal da terra, isto é, eles removeram aos solavancos as suas obrigações de serviço em relação ao Estado, "compensaram" o Estado por meio de impostos sobre o campesinato e o resto das massas populacionais, reivindicaram a propriedade privada moderna em relação a propriedades sobre as quais eles possuíam somente títulos feudais e, finalmente, obrigaram os trabalhadores agrícolas ingleses a aceitar aquelas leis de assentamento que tiveram o mesmo efeito que o edito do tártaro Boris Godunof sobre o campesinato russo.

A "revolução gloriosa" conduziu juntamente com Guilherme de Orange os usurpadores da mais-valia, tanto proprietários senhoriais como capitalistas, ao governo. Eles inauguraram a nova era na medida em que ampliaram o até então modesto roubo de propriedade do

Estado a uma escala colossal. Essas terras foram doadas, vendidas a preços ridículos ou mesmo anexadas a propriedades privadas por meio de usurpação direta. Tudo isso aconteceu sem a menor observância das formas jurídicas. A propriedade estatal tão fraudulentamente apropriada constitui a base das presentes possessões principescas da oligarquia inglesa.

O último grande processo de expropriação da população rural de suas terras e propriedades rurais é a chamada "desobstrução das propriedades", ou seja, a remoção forçada das pessoas dessas propriedades. Todos os métodos ingleses considerados até este momento encontraram seu clímax na "desobstrução". Na Escócia, o processo foi caracterizado pela magnitude de sua escala, onde tal processo foi realizado de uma só vez. No século XVIII, os Gaels[23] expulsos da terra foram ao mesmo tempo proibidos de emigrar, a fim de forçá-los a ir para Glasgow e outras cidades industriais. Um exemplo para o século XIX é o caso da Duquesa de Sutherland, que transformou todo o seu condado em pasto de ovelhas. De 1814 a 1820, 15.000 residentes foram sistematicamente expulsos. Finalmente, algumas das pastagens de ovelhas estão sendo reconvertidas em áreas de caça.

O roubo das propriedades da Igreja, a alienação fraudulenta de domínios do Estado, a usurpação das propriedades comunais, a transformação da propriedade feudal

---

23. Gaels se refere à população das ilhas britânicas de língua gaélica, como populações na Escócia, Ilha de Man e Irlanda [N.T.].

e do clã em propriedade privada moderna realizada através de práticas usurpatórias e com base em um terrorismo impetuoso, tantos eram os métodos igualmente idílicos de acumulação primitiva. Eles conquistaram o campo para a agricultura capitalista, incorporaram a terra e a propriedade rural ao capital e criaram o suprimento necessário de um proletariado completamente livre para a indústria urbana.

c) *Legislação de sangue contra os expropriados. Lei para a compressão de salários*

Aqueles que foram expulsos da terra e da propriedade rural pela dissolução das fidelidades feudais e que sofreram repentina e violenta expropriação, esse proletariado "livre" não tinha condições de ser absorvido pela emergente manufatura tão rapidamente quanto foi trazido a esse mundo. Por outro lado, aqueles que foram repentinamente centrifugados para fora de sua trajetória de vida habitual tampouco puderam, com a mesma rapidez, habituar-se na disciplina da nova condição. Eles se transformaram massivamente em pedintes, em ladrões e vagabundos. No final do século XV e ao longo do século XVI, portanto, surgiu uma legislação de sangue contra a vagabundagem em toda a Europa Ocidental. A legislação os tratava como criminosos "voluntários" e presumia que dependia de sua boa vontade encontrar o ímpeto para continuar trabalhando conforme antigas condições que não existiam mais. Desse modo, os camponeses, que primeiro foram violentamente expropriados da terra e de sua propriedade, expulsos de suas casas e feitos como vagabundos, foram chicoteados – marcados a ferro –, torturados por grotescas leis terroristas a fim de adequarem-se a uma disciplina necessária ao sistema de trabalho assalariado.

Em longo prazo, já não era suficiente forçar as pessoas, que não possuem nada para vender, exceto sua força de trabalho, a realizar essa venda. No progresso da produção capitalista, desenvolveu-se uma classe trabalhadora que, com base em sua educação, tradição e costume, reconhece as exigências desse modo de produção como leis autoevidentes. A organização do processo produtivo capitalista desenvolvido destrói todas as resistências. A produção incessante de uma superpopulação relativa mantém a lei do fornecimento da demanda por trabalho e, portanto, por salários, em uma vereda correspondente à necessidade de expansão do capital. A compulsão silenciosa das condições econômicas sela a dominação do capitalista sobre o trabalhador. A violência direta, de natureza não econômica, efetivamente ainda é empregada, todavia apenas em casos excepcionais. Para o curso normal das coisas, o trabalhador pode ser abandonado às "leis naturais da produção", isto é, à sua dependência do capital, que surge das condições de produção e que é garantida e perpetuada por elas. Diferentemente do ocorrido durante a constituição histórica da produção capitalista. A burguesia emergente precisa e emprega o poder do Estado a fim de "regular" os salários dos trabalhadores, ou seja, para forçá-los a limites aceitáveis, a fim de alongar a jornada de trabalho e manter o próprio trabalhador em condição dependente. Este constitui um momento fundamental da acumulação primitiva.

A classe dos trabalhadores assalariados, que surgiu na última metade do século XIV, constituía naquela época e no século subsequente somente uma pequena parcela da população, que se encontrava fortemente protegida em sua posição pela economia camponesa independente nas áreas rurais e pela organização das guildas nas cidades. No campo e na cidade, mestres artesãos e trabalhadores eram socialmente próximos. A subordinação do trabalho ao capital era apenas formal, ou seja, o próprio modo de produção ainda não possuía nenhum caráter especificamente capitalista. O capital variável representava um valor muito superior em relação ao capital constante. A demanda por trabalho assalariado, portanto, cresceu rapidamente com cada acumulação de capital, enquanto o fornecimento de trabalho assalariado seguiu apenas lentamente. Grande parte do produto nacional, posteriormente transformado em fundos de acumulação de capital, era transferido àquele momento ainda para o fundo de consumo do trabalhador. A legislação relativa ao trabalho assalariado (voltada para a expropriação do trabalhador e por muito tempo ainda hostil a ele) teve seu início na Inglaterra com a Lei do Trabalhador de Eduardo III no ano de 1349, e com decreto que foi emitido em nome do Rei João na França em 1350.

No caso de prisão, ficava proibido pagar mais do que o salário legalmente estipulado, todavia, o recebimento do salário mais alto era punido com mais severidade do que o seu pagamento. Uma lei de 1360 aumentou ainda mais as penalidades. A coalizão dos trabalhadores passou a ser tratada como um crime grave do século XIV até 1825. As leis bárbaras contra os sindicatos caíram em 1825 ante a atitude ameaçadora do proletariado. Mesmo assim, elas caíram apenas parcialmente. Alguns remanescentes belíssimos da antiga lei não caíram antes de 1859. Logo no início da revolução, a burguesia francesa ousou remover dos trabalhadores o seu direito de associação, o qual eles haviam acabado de conquistar. Através do decreto de 14 de junho de 1791, eles declararam qualquer coalizão de trabalhadores como "um atentado contra a liberdade e a declaração dos direitos humanos", punível com multa de até 500 libras francesas e a perda dos direitos de um cidadão ativo por um ano. Essa lei, que por meio da coerção do Estado restringia a luta entre o capital e o trabalho aos limites convenientes ao capital, sobreviveu às revoluções e às mudanças dinásticas. Até mesmo o governo do terror a deixou intocada.

d) A gênese dos arrendatários capitalistas. Impacto retroativo da revolução agrícola na indústria

De onde vêm originalmente os capitalistas? A expropriação da população rural cria diretamente apenas grandes proprietários de terras simultaneamente aos proletários completamente livres. Paralelamente, podemos, contudo, por assim dizer, apreender a criação do arrendatário com as mãos, porque se trata de um processo lento que se estende por muitos séculos. Na Inglaterra, a primeira forma de arrendatário é o administrador ainda servil; ele se torna uma espécie de semiarrendatário. Ele fornece uma parte do capital operacional; a outra parte vem do senhorio. Ambos compartilham o produto em uma relação determinada contratualmente. Essa forma abre espaço para o verdadeiro arrendatário, que aumenta seu próprio capital através do emprego de trabalho assalariado e paga parte do mais-produto, na forma de dinheiro ou em espécie, ao senhorio como aluguel.

Ao longo do século XV, na medida em que o agricultor independente e o lavrador servil, que além do serviço assalariado também produz para sua subsistência, enriqueceram a si mesmos com o seu próprio trabalho, as condições do arrendatário e do seu campo de produção permaneceram limitadas. A revolução agrária do último terço do século XV permitiu-lhe apropriar-se de pastagens comunais, e assim por diante, e, com isso, a multiplicação do seu gado quase sem custos, enquanto o gado lhe fornecia fertilizantes em maior abundância. No século XVI, soma-se a isso um momento importante. Naquela época, os contratos de arrendamento eram extensos. A constante queda do valor dos metais preciosos e, portanto, do dinheiro fez com que os preços dos produtos agropastoris subissem, enquanto o valor do arrendamento e os salários permaneceram conforme previsto no contrato. Desse modo, o arrendatário enriqueceu-se ao mesmo tempo à custa de seus trabalhadores assalariados e de seu senhorio. No final do século XVI, a Inglaterra possuía uma classe de "arrendatários do capital" ricos para as circunstâncias da época.

A expropriação e expulsão de uma parcela da população rural não só liberta juntamente com os trabalhadores não somente os seus meios de subsistência e seu material de trabalho para o capital industrial, mas cria também o mercado interno.

No passado, a família camponesa produzia e processava os meios de subsistência e as matérias-primas que ela mesma posteriormente consumia em sua maior parte. Essas matérias-primas e meios de subsistência tornaram-se agora mercadorias; o grande arrendatário as vendia, ele encontrou seu mercado nas manufaturas. Fios, tecido de linho, produtos de lã grosseira, coisas cujas matérias-primas se encontravam ao alcance de todas as famílias camponesas e por elas eram fiadas e tecidas para uso próprio, foram transformadas em artigos de manufaturas cujo mercado de vendas constituíam novamente os distritos rurais. Os muitos clientes dispersos que os artesãos individuais haviam encontrado até este momento nos numerosos pequenos produtores trabalhando por conta própria estão agora concentrados em um grande mercado abastecido pelo capital industrial. De mãos dadas com a expropriação de agricultores que inicialmente atuavam de maneira independente, e sua separação definitiva de seus meios de produção, caminha a destruição da empresa doméstica rural, o processo de separação da manufatura e da agricultura.

e) A gênese do capitalista industrial

A ascensão do capitalista industrial não ocorreu da mesma maneira gradual que se observa no caso do arrendatário. Sem dúvida, alguns pequenos mestres de corporações e artesãos autônomos ou mesmo trabalhadores assalariados se transformaram em pequenos capitalistas e, gradualmente (por meio da exploração do trabalho assalariado e da acumulação correspondente), em capitalistas completos. No entanto, a lentidão no desenvolvimento deste método em nada correspondia às necessidades de atuação do novo mercado mundial, o qual foi criado pelas grandes descobertas do final do século XV. A Idade Média transmitiu duas formas diferentes de capital, as quais amadurecem nas mais variadas formas de sociedade não capitalistas, o capital usurário e o capital mercantil. O capital monetário formado por meio da usura e do comércio foi impossibilitado no seu processo de transformação em capital industrial pela constituição feudal da zona rural e pela constituição das corporações de ofícios nos espaços urbanos. Essas barreiras desmoronaram com a dissolução da sociedade feudal, com a expropriação e expulsão parcial da população rural. A nova manufatura foi construída em portos marítimos ou em pontos das planícies, que escapavam do controle do antigo sistema urbano e das guildas que lhe constituíam.

A descoberta de ouro e prata nas Américas, o extermínio, a escravização e o soterramento da população autóctone nos túneis das minas, a incipiente conquista e o saque das Índias Orientais, a transformação da África em um reserva para a caça comercial de indivíduos de pele negra, marcam a alvorada da era da produção capitalista. Esses processos idílicos constituem os momentos fundamentais da acumulação primitiva. Ao seu encalço segue a guerra comercial das nações europeias, tendo o globo como cenário. Ela tem seu início com a independência dos Países Baixos em relação à Espanha, assume proporções gigantescas na guerra antijacobina da Inglaterra, continua nas guerras do ópio contra a China, e assim por diante. Os diferentes momentos da acumulação primitiva distribuem-se efetivamente, mais ou menos por ordem cronológica, nomeadamente entre Espanha, Portugal, Holanda, França e Inglaterra. Na Inglaterra, no final do século XVII, esses momentos foram sistematicamente agrupados na qualidade de sistema colonial, sistema da dívida nacional, sistema tributário moderno e sistema de proteção.

Esses métodos são parcialmente baseados em uma violência brutal, por exemplo, no caso do sistema colonial. Todavia, todos eles usaram o poder do Estado, a violência concentrada e organizada da sociedade, para promover o processo de transformação do modo de produção feudal para o modo de produção capitalista em modelo similar a uma estufa e para encurtar as transições. A violência é a auxiliar de parto de qualquer sociedade antiga que engravida de uma sociedade nova. Ela mesma é uma potência econômica.

W. Howitt, uma pessoa que fez do cristianismo a sua especialidade, afirma a respeito do sistema colonial cristão:

> As barbaridades e os atos nefastos de violência propagados pelas chamadas raças cristãs em todas as partes do mundo e contra todas as populações que eles puderam subjugar não encontram paralelo algum entre as outras raças, por mais selvagens, ignorantes e cruéis que possam ser.

A história da economia colonial da Holanda – e a Holanda era o modelo de nação capitalista do século XVII – "está cheia de traição, suborno, massacre e mesquinhez".

Além do domínio político na Índia, a Companhia Inglesa das Índias Orientais recebeu o monopólio exclusivo do comércio de chá, bem como do comércio chinês de modo geral e do transporte de mercadorias da Europa e para a Europa. O comércio de cabotagem da Índia e aquele entre as ilhas, bem como o comércio interno da Índia, constituía, entretanto, um monopólio dos funcionários mais graduados da Companhia. Os monopólios sobre o comércio do sal, do ópio, da pimenta betel e outros bens representavam fontes inesgotáveis de riqueza. Os próprios funcionários fixavam os preços e saqueavam os infelizes hindus de acordo com a sua vontade. O governador-geral participava desse comércio privado. Grandes fortunas se originaram tal como cogumelos em um dia; a acumulação primitiva se desenvolveu sem que fosse investido um xelim sequer.

O tratamento dispensado aos povos originários foi o mais terrível no caso das colônias de plantio, que se destinavam unicamente para exportação, como no caso das Índias Ocidentais, e nos países ricos e densamente povoados, assolados por latrocínios, como o México e o as Índias Orientais.

O sistema colonial amadureceu o comércio e o transporte como se os cultivasse em uma estufa. As "sociedades *Monopolia*"[24] (Lutero) foram enormes alavancas para a concentração do capital. As colônias garantiram um mercado consumidor para as manufaturas em desenvolvimento e aumentaram a acumulação por meio do monopólio do mercado. O tesouro, capturado diretamente fora da Europa através da pilhagem, da escravização e do assassinato, refluiu para a terra pátria e ali foi transformado em capital. No ano de 1648, a Holanda, que foi a primeira a desenvolver plenamente o sistema colonial, já estava no auge da dimensão comercial e a população holandesa estava mais sobrecarregada, mais pobre e mais brutalmente oprimida do que todos os povos do restante da Europa juntos.

---

24. Sociedades que detinham o monopólio produtivo ou comercial em determinadas regiões [N.T.].

O sistema de crédito público, ou seja, o sistema da dívida nacional, cuja origem nós encontramos em Gênova e Veneza ainda na Idade Média, tomou posse de toda a Europa durante o período da manufatura. O sistema colonial com seu comércio marítimo e suas guerras comerciais serviu ao seu crescimento como uma estufa. Desse modo, primeiro fixou suas raízes na Holanda. A dívida pública, ou seja, a alienação do Estado – seja ela despótica, constitucional ou republicana –, imprime a sua marca sobre a era capitalista. A única parte da chamada riqueza nacional que realmente se transfere para a posse coletiva dos povos modernos é: sua dívida pública. A dívida pública torna-se uma das alavancas mais poderosas da acumulação primitiva. Similar ao toque de uma varinha mágica, ela dota o dinheiro improdutivo com um poder de criação e, dessa maneira, transforma-o em capital sem que para isso haja a necessidade de se expor aos incômodos e perigos indissociáveis do investimento na indústria ou até mesmo da usura privada.

Com a dívida pública, surgiu um sistema internacional de crédito que muitas vezes dissimula uma das fontes da acumulação primitiva. Desse modo, as perversidades do sistema veneziano de roubo deram origem a uma tal base tão dissimulada da riqueza do capital da Holanda, para a qual a decadente Veneza emprestou grandes somas de dinheiro. O mesmo ocorre entre a Holanda e a Inglaterra. No início do século XVIII, as fábricas na Holanda estavam amplamente superadas. A Holanda deixou de ser a nação dominante no comércio e na indústria. Um de seus principais negócios entre 1701 e 1776 passou a ser, portanto, o empréstimo de imensas quantias de capital, especialmente para seu grande concorrente, a Inglaterra. O mesmo ocorre nesse momento entre a Inglaterra e os Estados Unidos.

Uma vez que a dívida pública é garantida pelas receitas estatais, que precisam cobrir os pagamentos anuais de juros, o sistema fiscal moderno transformou-se em um complemento necessário ao sistema de empréstimos públicos. Os empréstimos permitem ao governo fazer face a despesas extraordinárias sem que o contribuinte perceba isso imediatamente, mas exigem aumento de impostos posteriormente. Esses altos impostos levaram à expropriação violenta de fazendeiros, artesãos e outros membros da pequena classe média. Esse efeito desapropriador foi ainda reforçado pelo sistema de proteção.

O sistema de proteção (baseado no modelo de Colbert) era um meio artificial de manufaturar fabricantes, de expropriar trabalhadores independentes, capitalizar os meios de produção e de subsistência nacionais e encurtar de maneira violenta a transição do modo de produção antiquado para o modelo moderno. Os Estados europeus disputaram pela patente dessa invenção e, tendo uma vez entrado no serviço dos geradores de mais-valia, saquearam seu próprio povo para aquele fim, indiretamente por meio de tarifas alfandegárias protecionistas, diretamente por meio de prêmios de exportação.

O capital industrial primitivo teve nesse caso sua origem, em parte, diretamente do tesouro estatal. O sistema colonial, as dívidas públicas, os impostos exorbitantes, a proteção, as guerras comerciais, e assim por diante, essas crias do período manufatureiro propriamente dito, cresceram enormemente durante o período da infância da indústria moderna. O nascimento desta última é celebrado pelo grande roubo heródico de crianças. Grande parte do capital que se encontra hoje nos Estados Unidos sem uma certidão de nascimento se constituía ontem do sangue capitalizado de crianças na Inglaterra.

"Muitos e muitos milhares desses seres pequeninos e infelizes, com idades variando entre 7 e 13 ou 14 anos, foram enviados para o norte a partir de várias casas de trabalho vinculadas à Igreja em Londres, Birmingham e outros lugares. Era costume que o mestre deveria vestir seus aprendizes, alimentá-los e colocá-los em 'casas de aprendizes' nas proximidades da fábrica; superintendentes foram empregados, os quais deveriam cuidar do trabalho, cujo interesse consistia na máxima exploração das crianças, uma vez que seu pagamento era proporcional à quantidade de trabalho que podiam expropriar delas. A consequência natural disso foi a crueldade... Atrocidades devastadoras foram perpetradas contra esses seres inofensivos e sem alegria em muitos distritos fabris. Pelo excesso de trabalho foram perseguidos até a morte... eles foram espancados, algemados e torturados com a mais primorosa crueldade... Em muitos casos, eles foram privados de alimentos até a subnutrição ao mesmo tempo em que eram espancados para trabalhar... Em casos isolados, foram levados até mesmo ao suicídio... Os belos vales românticos de Derbyshire, Nottinghamshire e Lancashire tornaram-se terríveis ermos de tormentos e frequentemente de assassinatos. O lucro dos fabricantes era gigantesco; contudo, isso somente aumentou o apetite ao invés de satisfazê-lo e, por essa razão, os fabricantes encontraram refúgio através da prática do chamado 'turno noturno', ou seja, depois de terem esgotado um grupo de trabalhadores no trabalho diurno, outro grupo ficava à disposição deles para trabalhar durante a noite. O grupo diurno ia para as camas que o grupo noturno havia acabado de deixar e vice-versa. Em Lancashire, consta uma tradição popular que afirma que 'as camas nunca esfriam'".

Quando o dinheiro, segundo Augier, "vem ao mundo com manchas de sangue naturais em uma das faces", desse modo o capital surge pingando sangue e sujeira da cabeça aos pés, de todos os poros.

f) Tendência histórica da acumulação capitalista

Qual é a razão decisiva da acumulação primitiva de capital, ou seja, qual é sua origem histórica? Tão logo ela não seja a imediata transformação de escravos e vassalos em trabalhadores assalariados, ou seja, uma mera mudança de forma, ela representa a expropriação dos produtores diretos, ou seja, a dissolução da propriedade privada baseada no próprio trabalho. O modo de produção baseado nessa premissa pressupõe a fragmentação da terra e da propriedade rural e dos demais meios de produção. Como a concentração dos meios de produção, assim também ela suprime a cooperação, a divisão do trabalho dentro dos mesmos processos de produção, o controle e a aplicação produtiva das forças naturais pela sociedade e o livre desenvolvimento das forças produtivas sociais. Em um certo estágio de desenvolvimento, ela dá origem aos meios materiais de sua própria aniquilação. A partir desse momento, novas forças e paixões se inquietam no seio da sociedade; contudo, a velha organização social as acorrenta e as mantém restritas. Ela deve ser destruída, ela será destruída. Sua aniquilação, a transformação dos meios de produção individuais e fragmentados em meios de produção socialmente concentrados, e a partir disso a transformação da minúscula propriedade de muitos na propriedade massiva de poucos, daí também a expropriação das grandes massas populares de sua terra e propriedade rural, e seus meios de subsistência e instrumentos de trabalho, esta terrível e gravíssima expropriação das massas populares constituem a pré-história do capital. Ela compreende uma série de métodos violentos, dos quais apenas passamos em revista aos que marcaram época como métodos de acumulação primitiva de capital. A expropriação dos produtores imediatos é realizada com vandalismo implacável e levada a cabo sob o impulso das paixões mais odiosas, mais infames, sujas e mesquinhas. A propriedade privada adquirida com o suor do próprio trabalho, que se baseia, por assim dizer, na coalescência do indivíduo trabalhador independente e singular com suas condições de trabalho, é substituída pela propriedade privada capitalista, a qual se baseia na exploração do trabalho, ainda que formalmente livre, de outros indivíduos, ou seja, no trabalho assalariado.

Tão logo este processo de transformação tenha desmantelado suficientemente a velha sociedade em termos de sua profundidade e alcance, tão logo os trabalhadores tenham se transformado em proletários, suas condições de trabalho em capital, tão logo o modo de produção capitalista possa se manter por seus próprios meios, a subsequente socialização do trabalho e a posterior transformação da terra e de outros meios de produção em meios de produção socialmente explorados, ou seja, meios comuns de produção assim como a posterior expropriação de proprietários privados ganham uma nova forma. Quem agora deve ser expropriado já não é mais o trabalhador autossuficiente, mas o capitalista que explora muitos trabalhadores.

Essa expropriação se desenrola por meio do jogo das leis imanentes da própria produção capitalista, através da centralização do capital. Um capitalista sempre mata muitos. De mãos dadas com essa centralização, ou com expropriação de muitos capitalistas por uns poucos, a forma cooperativa do processo de trabalho desenvolve-se em escala cada vez maior; desenvolve-se também a aplicação técnica consciente da ciência, o cultivo sistemático da terra, a transformação dos meios de trabalho em meios de trabalho que somente podem ser empregados de maneira conjunta; desenvolve-se, além disso, a economicização[25] de todos os meios de produção por meio de seu uso na qualidade de meios de produção de trabalho combinado, trabalho social; desenvolve-se, finalmente, o entrelaçamento de todos os povos na rede do mercado mundial e, portanto, o caráter internacional do regime capitalista. Com o número cada vez mais reduzido de magnatas do capital, que usurpam e monopolizam todas as vantagens desse processo de transformação, expande-se a quantidade de miséria, de pressão, de escravidão, de degeneração, de exploração; floresce todavia também a indignação da sempre crescente classe trabalhadora, unida, organizada e treinada pelo mecanismo do próprio processo de produção capitalista. O monopólio do capital se torna os grilhões do modo de produção que floresceu com ele e sob seu domínio. A centralização dos meios de produção e a socialização do trabalho chegam finalmente a um ponto em que se tornam insuportavelmente envolvidas em seu invólucro capitalista. Ela será desmantelada. Chegou a hora da propriedade privada capitalista. Os expropriadores são expropriados.

O modelo de apropriação capitalista que surge a partir do modo de produção capitalista dá origem à propriedade privada capitalista. Esta é a primeira negação da propriedade privada individual baseada no próprio

---

25. Do alemão, *Ökonomisierung*, expressar em uma base econômica [N.T.].

trabalho. Todavia, a produção capitalista também gera, com a necessidade de um processo natural, a sua própria negação. Trata-se da negação da negação. Esta não traz à tona novamente a propriedade privada do produtor, mas restaura outrossim a propriedade individual com base nas conquistas da era capitalista: isto é, baseada na cooperação e na propriedade comum da terra e dos meios de produção.

No primeiro caso, tratava-se da expropriação da maior parte da população por alguns usurpadores; neste último caso, trata-se, ao contrário, da expropriação de alguns usurpadores pela massa do povo.

LEIA TAMBÉM:

Coleção Chaves de Leitura

Coordenador: Robinson dos Santos

A Coleção se propõe a oferecer "chaves de leitura" às principais obras filosóficas de todos os tempos, da Antiguidade Grega à Era Moderna e aos contemporâneos. Ela se distingue do padrão de outras introduções por ter em perspectiva a exposição clara e sucinta das ideias-chave, dos principais temas presentes na obra e dos argumentos desenvolvidos pelo autor. Ao mesmo tempo, não abre mão do contexto histórico e da herança filosófica que lhe é pertinente. As obras da Coleção Chaves de Leitura não pressupõem um conhecimento filosófico prévio, atendendo, dessa forma, perfeitamente ao estudante de graduação e ao leitor interessado em conhecer e estudar os grandes clássicos da Filosofia.

Coleção Chaves de Leitura:
- *Fundamentação da metafísica dos costumes – Uma chave de leitura*
  Sally Sedgwick
- *Fenomenologia do espírito – Uma chave de leitura*
  Ralf Ludwig
- *O príncipe – Uma chave de leitura*
  Miguel Vatter
- *Assim falava Zaratustra – Uma chave de leitura*
  Rüdiger Schmidt e Cord Spreckelsen
- *A república – Uma chave de leitura*
  Nickolas Pappas
- *Ser e tempo – Uma chave de leitura*
  Paul Gorner

CULTURAL

Administração – Antropologia – Biografias
Comunicação – Dinâmicas e Jogos
Ecologia e Meio Ambiente – Educação e Pedagogia
Filosofia – História – Letras e Literatura
Obras de referência – Política – Psicologia
Saúde e Nutrição – Serviço Social e Trabalho
Sociologia

CATEQUÉTICO PASTORAL

Catequese – Pastoral
Ensino religioso

REVISTAS

Concilium – Estudos Bíblicos
Grande Sinal – REB

TEOLÓGICO ESPIRITUAL

Biografias – Devocionários – Espiritualidade e Mística
Espiritualidade Mariana – Franciscanismo
Autoconhecimento – Liturgia – Obras de referência
Sagrada Escritura e Livros Apócrifos – Teologia

PRODUTOS SAZONAIS

Folhinha do Sagrado Coração de Jesus
Calendário de mesa do Sagrado Coração de Jesus
Almanaque Santo Antônio – Agendinha
Diário Vozes – Meditações para o dia a dia
Encontro diário com Deus
Guia Litúrgico

VOZES NOBILIS

Uma linha editorial especial, com importantes autores, alto valor agregado e qualidade superior.

VOZES DE BOLSO

Obras clássicas de Ciências Humanas em formato de bolso.

CADASTRE-SE
www.vozes.com.br

EDITORA VOZES LTDA.
Rua Frei Luís, 100 – Centro – Cep 25689-900 – Petrópolis, RJ
Tel.: (24) 2233-9000 – Fax: (24) 2231-4676 – E-mail: vendas@vozes.com.br

UNIDADES NO BRASIL: Belo Horizonte, MG – Brasília, DF – Campinas, SP – Cuiabá, MT
Curitiba, PR – Fortaleza, CE – Juiz de Fora, MG – Petrópolis, RJ – Recife, PE – São Paulo, SP